情報とフィールド科学 4

被災地に寄り添う社会調査

Yoshimi Nishi
西 芳実 著

Contents

目次

JN273484

災害に対して何ができるか？　現場に入る前の技法を知る

日本は地震や台風などの災害が多い国ですが、最近、外国とりわけアジアの国々で災害が増えていると感じませんか。台湾の地震、フィリピンの台風や火山噴火、インドネシアの地震・津波（図❶）や火山噴火のように、アジアの国々の災害のニュースが増えていますが、それにはいくつかの理由があります。

その理由を考えるにあたって、まず災害とは何なのか、整理しておきましょう。地震や台風そのものは自然現象で、それだけでは災害ではありません。地震や台風が襲う地域に人間の生活があり、地震や台風によって人命や財産や景観が失われることで災害になります。地震や台風などの自然現象による外力のことを「ハザード」（Hazard）、社会の災害に対する弱さのことを「脆弱性」（Vulnerability）と呼び、ハザードが脆弱性と出会うのが災害だという言い方をすることもあります。また、脆弱性には、被害対象になりうる人命や財産がその場所にたくさんあるか否かという面と、被害を軽減するための制度・仕組みや意識が整っているか否かという面があり、この二つは性格が違い対応の仕方も異なるために、分けて考えることもあります。[*1]

これを関係式に模すと、【災害＝ハザード×被害対象×備え】となります。

＊1　前者を「暴露」（Exposure）、後者を脆弱性と呼ぶこともある。人びとの活動が集中していることを災害に対する「暴露」というのは日常的な言葉遣いからはやや馴染みにくい表現とも思われ、本書ではこの呼び方を使わずに表現するようにした。

つまり、ハザードが大きいほど、そしてそこに被害対象が多いほど、さらに災害への備えが不十分であるほど災害の被害が大きくなります。ハザード、被害対象、備え、のうちハザードは自然現象なので人間の力ではコントロールできませんが、他の二つは原理上は人間の力でコントロール可能です。被害対象とは具体的にいうと人命と財産のことで、都市の人口が過密になったり経済活動が加熱化したりすると被害対象が大きくなるために災害のリスクが高まります。備えには、耐震・免震構造や防潮堤などの工学的な対策、緊急対応の体制

図1

二〇〇四年インド洋大津波（スマトラ島沖地震・津波）の被災地の様子。上から、津波の直撃に耐えて残ったモスク（イスラム教寺院）、津波により道路脇に打ち揚げられた船舶、津波で運ばれた瓦礫が流入した市街、津波の被害を免れた内陸に開設された仮設テントによる臨時学級（いずれもインドネシア・アチェ州）。

作り、そして防災教育や避難訓練などの長期的なものも含まれます。

このことを踏まえると、最近アジアの国々の災害が増えている理由の一つが分かります。欧米とアジアを比べると、欧米は歴史的に被害対象の蓄積（すなわち産業化や人口集中など）が高いものの、ハザードは比較的小さく、そして備えが相対的に高いため、被害が大きな災害が発生することはめったにありません。これに対してアジアは、ハザードは相対的に大きく、それに対する備えも相対的にみて不十分でしたが、経済開発がそれほど進んでいなかったために被害対象の蓄積が小さく、そのため、これまでは大きな災害になることはそれほど多くありませんでした。

ところが、最近アジア諸国の経済成長がめざましく、被害対象の蓄積が高まっています。急速な都市化が進んでいるところも多く、ハザードへの備えが不十分なままになっています（図❷❸）。このように、経済成長と都市化が進むアジアの国々では近年にないほど災害リスクが高まっているのです。

アジアの災害がニュースとして報じられることが増えているもう一つの事情は、グローバル化によって世界の国々の関係が緊密になり、ある国で大きな災害が起こったときにその影響が国境を越えて及ぶようになっているためです。二〇一一年のタイの大洪水では日系企業を含めてタイに進出している多くの企業が被害を受け、工場が操業できなくなりました。タイはコンピュータのハードディスク生産の中心地で、多くの国でハードディスクが品薄になりました。

図❷

インドネシアの首都ジャカルタの幹線道路タムリン通り。渋滞緩和のためのＭＲＴ建設工事により道幅が縮小され渋滞が悪化している。二〇〇九年ジャワ地震の際には高層ビルからの避難者が道路にあふれたほか、自宅の安否確認のために帰宅を急ぐ人々で大渋滞になった。

二〇〇六年に台湾南部で起こった地震で海底ケーブルが切断されると、アジア各地で国際電話やインターネットが接続しにくい状況が生じました。

経済関係だけではなく、国境を越えた人の移動が盛んになっていることも背景の一つです。私たちは小学生の頃から避難訓練などを通じて地震のときにどのように行動すべきか理解していますが、災害時の行動の仕方は国によって違います。二〇〇九年の西ジャワ地震では、インドネシアの首都ジャカルタの高層ビルが揺れ、オフィスで仕事をしていた人たちがビルから外に避難しようとしたため、エレベーターや階段で大きな混乱が生じました。また人が車道にあふれたために大渋滞になり、緊急車両の走行に差し支えることもありました。この事態を受けてインドネシアの人びとは地震が起こったときにどう行動すべきか議論しましたが、日本やアメリカなど外国での滞在経験がある人たちが整理されないままにそれぞれの滞在先での地震対策の話をしたため、話が食い違ってしまい、どれを採用すればいいのか分からないという混乱が生じました。[*2] 国境を越えた人の往来が増えている今日、日本においても、災害時の対応に必要な知識や経験を共有していない外国人が被災した場合、その人自身の危険が高まるだけでなく、まわりの人の危険も増す可能性もあるのです。世界各地を訪れたいという人はもちろん、自分は外国に行くことはないだろうと思っている人でも、日本だけでなく外国の災害について関心を向け、理解し、必要な助けの手を差し伸べることを避けて通ることはできないのです。

図3

インドネシアでの消火訓練の様子。

＊2 災害対応のあり方は、特定の地域や事例にあてはまる教訓が一般化して語られることが多い。実際には、災害の種類や災害が発生した国や地域の社会状況によって適切な災害対応は異なってくる。日本は防災の先進国として知られるが、日本で適切な防災の知識や技術がそのままのかたちでほかの国に適用できるとは限らない。詳しくは山本博之『復興の文化空間学――ビッグデータと人道支援の時代』（京都大学学術出版会、二〇一四年）の第四章「『正しさ』が招く混乱――西ジャワ地震（二〇〇九年）」を参照。

災害は社会が抱える課題を明らかにする

災害とは日常生活に突然割って入る異常事態で、復旧・復興とはその異常事態を解消して元通りの日常生活に戻すことだ、と考えるのは普通のことです。しかし本当はそうではなく、災害は日常生活の延長上に起こる出来事です。

どの社会も大小様々な課題を抱えていて、それが表面化しないまま日常生活が営まれています。課題があると分かっていても、経済成長や時には戦争などの国家の事情が優先されそれ以外の課題は後回しにされたり、その課題で不利益を被っている人の数が少なかったり社会的な立場が弱かったりして大きな不満の声が上がらないことで、後回しにされたりする場合もあります（図❹）。先に紹介した【災害＝ハザード×被害対象×備え】からも分かるように、同じハザードを受けても、日ごろから課題を抱えている方が被害が大きくなります。同じ地域に暮らしていても、同じ災害に遭ったときに受ける被害が同じだとは限りません。災害は人びとを平等に襲うのではなく、社会の弱い部分により大きな被害を与えます。

このように、災害は、被災した社会が潜在的に抱える弱い部分を、物理的な被害を受けることによって人びとの目に明らかにします。その弱い部分は、もしかしたら被災前から課題だと分かっていたけれど、優先順位が低いと考えられて手付かずのままにされていたかもしれません。皮肉なことですが、災害で被害が出ることによって、そこに課題があって手当てが必要であることが人び

図❹

人口流入が続くフィリピンの首都マニラ。高層マンションが次々と建設される一方で、川沿いにはありあわせの建材による住居が立ち並ぶスクォッター（不法占拠居住区）が広がる。

との目の前に明らかになります。災害を日常生活に突然割って入る異常事態だと捉えると、復旧・復興は「元に戻す」ことが目的になるため、社会が潜在的に抱えている課題も元通りに戻すことになりかねません。そうではなく、災害は日常生活の延長上にあると捉えることで、社会の弱い部分に大きな被害が出ることで明らかになった課題の解消を織り込んだ創造的復興に取り組むことが可能になります。[*3]

このような創造的復興のためには、被災した人びとが主体となって復旧・復興に取り組むことはもちろんですが、被災地以外に暮らす「よそ者」が関わることにも積極的な意味があります。社会の過去の経緯や人間関係などのしがらみがないよそ者が関わることで、手付かずにされていた課題が改善される可能性が出てきます。

災害を契機によりよい社会を作ることは、災害による被害や犠牲を未来にとって意味あるものへと変えていきます。そのためには、被災した当事者だけでなく、よそ者が関わる積極的な意義もあります。

＊3　二〇一一年東日本大震災後の日本社会でも、震災による直接の被害だけでなく、東京＝中心・東北＝周縁とする構造が日本近代化の過程で歴史的に形成されてきたことや、そこから生じる課題に目を向けようとする取り組みが行われている。大門正克ほか編『「生存」の東北史』（大月書店、二〇一三年）や山下祐介『東北初の震災論——周辺から広域システムを考える』（筑摩書房、二〇一三年）ほか。

被災地を訪れることの意味

本書の読者の多くは大学生や高校生だと思います。これから大学で学ぼうとするみなさんは、今は自分の進むべき専門を見つけられていないかもしれません。またこれから身につけようとする専門性が、果たして災害に直接役立つだろうかと思っている読者も少なくないでしょう。それは私のような研究者にも共通した思いでした。あの東日本大震災の際、未曾有の事態を目の前にして、「自分の専門が何の役に立つだろうか」と自問し苦しんだ研究者は少なくありませんでした。

けれども災害対応の現場とは、実は様々な事象からなる総合的な現場です。災害発生直後の救援救助だけでなく、復興や癒やしの過程では、ほとんどあらゆる分野の専門性――文学でも歴史学でも数学でもなんでも――が求められるといって過言ではありません（図5）。つまり、これからも何度も起こるであろう災害に対して何かしたいと思うのであれば、まずは自分なりの専門性を身に付けることが必要だともいえます。ただし、専門性を身に付けるだけでは足りません。思いが空回りして自分勝手な行動になったりする恐れもあるからです。そこで、災害のときにどんな情報が発信され、そこからどのようなことが読み解けるのかといった事柄に焦点を当てて、基本的な事柄を学ぼうというのが本書の目的の一つです。しかし私はここで、「役立つ専門性」を身につけるまでは現場に足を運んではならないといっているのではありません。むしろ、直接役に立つ専門性がなくても、現場に行くことには意味があるとも思っています。それはなぜなのでしょうか。

被災者でもなく、支援活動のための専門性もなく、物資も持たない人が被災地で歓待されることがあります。災害は景観を一変させ、社会の前提となって

図5

二〇〇四年インド洋大津波被災地の小学生たち。被災から一年半が過ぎ、再建された校舎で防災講習を受ける。講義をしているのは日本の大学生ボランティア。インドネシアでも子どもたちに人気のあるドラえもんの扮装をして、地震発生時に取るべき行動についての寸劇を披露した。

いた故郷の風景――物理的な風景ばかりでなく心理的な風景にも――に大きな変化を強います。コミュニティの記憶の基礎となる景色が失われ混乱しているときに、よそ者が現場にいることは、そのよそ者の目を意識して人びとがよりよく生きようとする状況を支えるのです。現場に行くのは、「現場を見る」ためだけではありません。「見られに行く」ことも大事なのです。現地によそ者がいることが、平時の秩序が混乱している被災社会に、さしあたり必要な秩序を生むことがあります。自分たちに関心を向ける人がいる、ということを実感するのは、災害で何もかも失った人びとにとっては食糧と同じくらい大事なことです。また、被災した人びとが日々の生活再建で手いっぱいで復興の様子を記録する余裕がないとき、その記録を手伝うということもできるでしょう（図❻）。

もちろん、災害が起こったら取るものもとりあえず直ちに現場に駆けつけるのがよいということではありません。被災直後の被災地は、道路・橋や交通機関、電気・ガス・水道、電話・インターネットなどの社会インフラが被害を受けている可能性があります。日常生活の延長のつもりで被災地入りすれば、移動手段も宿泊場所もなく立ち往生してしまい、被災者や支援者の足手まといにもなりかねません。救助や救命救急の訓練を受けた専門家でない者が、被災直後の海外の被災地を直ちに訪れるべき理由はほとんどありませんが、それでも、早い時期から私たちが被災地を訪れることには意味があります。災害の被

図❻

被災から二〇年が経った阪神淡路大震災の被災地で、被災当時の写真をもとに被災と復興の様子をたどるメモリーハンティングをする、日本とインドネシアの学生（四八頁参照）。

害と復興の様子を知ることでその調査や分析を復興に役立てたり、あるいは将来起こる別の災害に備えたりできるようになるからです。そしてなにより、被災地の人たちに、世界が関心を向けていることを伝えることは、先にも述べましたが、大変重要な意味をもっているのです。[*4]

それだけに、被災地を訪れるときに、物珍しいものを見るだけの、いわば見物旅行にしないためにも、何のために何を見に行くのかをあらかじめ考えておく必要があります。現場に行く前に考えていたことは、実際に現場に行ってみたらすっかり変わってしまうかもしれません。それでもかまいませんから、まず、何のために何を見に行くのかを行く前に考えておくことと（そのために事前の情報収集は大切です）、現場に行ってからもその問いを考え続けることを忘れないようにしてください。

*4 ときに数十年単位の長いプロセスとなる災害からの復興過程では、直接被災していないけれども当事者意識を持って被災地域に関わる「よそ者」だからこそできることがある。詳しくは牧紀男・山本博之編著『国際協力と防災――つくる・よりそう・きたえる』（京都大学学術出版会、二〇一五年）を参照。

災害対応のためには適切な情報収集を

創造的復興にはよそ者が積極的な役割を果たしうると書きましたが、被災地の事情を知らない部外者が勝手に振舞っていいということでは決してありません。復旧・復興の第一の主体となるのは、被災以降も被災地で暮らしていく人たちであるべきだからです。

ただし、被災者がどう考えているかを理解するのは簡単なことではありません。それは、人は自分が思っていることをうまく言葉で説明できるとは限らないためですし、複数の人がいれば考え方もそれぞれ違うはずで、全体でどうするかを決めるのは簡単ではないためです（図❼）。またこれと少し事情が違いますが、被災地の情報収集に関して重要なのは、現場に行けば情報が手に入って事情が分かる、とは必ずしも限らないということです。二〇〇九年の西スマトラ地震で地震直後に被災地入りして被災者の救命救急にあたった日本の救助隊のメンバーがインタビューに答えて、現場に入ると被災状況の全体像が分からなくて困ったと話していました。災害で交通や通信に被害が出ると、通常の経路で情報が集められ発表されるとは限りません。刻々と入ってくる断片的な情報が、統合して整理される余裕もなくそのまま発表されることも珍しくありません。外国の被災地だと、現地語が分からないことに加えて、土地勘がないので地名を聞いても頭にイメージが浮かばないということもあります。

災害発生後の社会は、災害が直接招いた被害だけでなく、被災前から社会が潜在的に抱えていた課題があらわになります。したがって、災害発生後の社会に関わろうとするならば、災害が直接何を引き起こしたかだけでなく、災害以外の側面を含めて被災した社会の全体像を捉える必要があります。

災害を目の前にして何ができるのかは本書の最後にもう一度考えることにして、本書では、災害発生時に情報を収集して共有すること、実際に被災地を訪れて様子を観察すること、被災者や支援者などの関係者の話を聞くこと、そして現地の人たちの思い入れを読み解き、他の人たちと共有することについて、

図❼

著者がアチェで行っている「タイプライター・プロジェクト」（四五頁参照）に参加しているAさん。被災当時の体験を含めて自分自身のことを記録に残したい、と筆者に申し出があったのは、被災から七年目のことだった。

それぞれの現場でどのようなことに注意すればよいかを考えていきましょう。[*5]

その際に注意してもらいたいのは、災害への対応は被災直後だけのことではないということです。災害からの復旧・復興には長い時間がかかります。被災からの時間の経過とともに災害対応の課題は変化し、集中的に手当てすべき分野も移り変わっていきます。具体的には、被災直後は救命救急とそれを支える通信や交通インフラの復旧、避難所の設置・運営と水・食糧・薬などの緊急支援物資の配布、住宅を失った人びとのための住宅再建、地域経済の復旧というようにです。日本では災害発生後の時間経過を10の対数による時間尺度ではかり、それぞれの段階を失見当期（発生から10時間）、被災地社会の成立期（10～10^2時間まで）、災害ユートピア期（10^2～10^3時間）、復旧・復興期（10^3～10^4時間）等と呼んでいます。被災当事者の個人の視点からすると、概ね住居がないという問題から、再建住宅での生活や生業の問題へと関心が移ります。被災から四、五年が経過すると生活にひと段落つくと同時に、亡くなった人びとへの弔いへと関心が移ります。さらに、数年が経過すると災害時の経験の継承が課題となります。[*6]

災害から社会を読み解く手法を考える際には、そうした災害復興の時間経緯に併せて時々に必要な視点が変わってくるということを念頭に置いておく必要があります。

＊5
本書は、京都大学地域研究統合情報センターで山本博之と筆者が中心となって取り組んできた「災害対応の地域研究」プロジェクトの成果に基づいている。同プロジェクトの成果は「災害対応の地域研究」シリーズ（京都大学学術出版会、全五巻）およびスマホ・アプリなどによって公開した。同プロジェクトについてはhttps://www.cias.kyoto-u.ac.jp/~yama/bosai/を参照。

＊6
時間の経過とともに、被災地にいる人々はどのような課題やジレンマに直面することになるかを具体的に想像する手掛かりとしては、矢守克也編著『被災地デイズ』（弘文堂）を参照。

第1章　新聞と統計を読む——時間と空間で捉える

災害や事件・事故が発生して、それに関する情報が新聞・テレビやインターネットで次々と流れてきたとき、どのようにすればそれらの大量の情報から何が起きているかを捉えることができるでしょうか。事件や事故の規模が大きくなれば大きくなるほど、短時間でたくさんの情報が流れます。たくさんの情報から全体像を掴むには、何らかの基準で情報を整理する必要があります。また、災害の発生直後、いままさに救命救急や復旧・復興が進められているという場合と、それから数年が経ってから過去を振り返りその後の社会の有様を知る場合とでは情報の収集の仕方も違ってきます。ここではまず災害発生時の情報収集について考えます。

現在進行中の出来事について把握するための基本的な方法の第一は、時間と場所で情報を整理することです。その上で、時間・場所で区切った情報をどのようにまとめると、被害や救援活動の濃淡などの全体像が把握できるかを考えることが大切です。それでは、時間や場所はどう区切ればよいのでしょう。端的にいえば、「調べようとする出来事について理解するのに適した区切り方で」です。「××郡」「××町」といった行政区分で分けることもできますが、川や海との位置関係（距離など）が大事なこともあれば、幹線道路との位置関係で区分することが必要なときもあります。どの区切り方がよいかを調べながらいろいろな区切り方を試してみるということです。

最近では、ＧＩＳ（Geographic Information System：地理情報システム）といって、地図上に情報を置いてそれを重ねることが可能になりました。この方法だと地図上に情報を直接重ねていくことができるため、区切り方を考えなくても情報の疎密の意味が見えることがありますが、一般に、個別の情報を詳しく見るだけでは全体のどの部分についての情報なのかが分かりにくく、災害対応の現場では使えないこともあります。ＧＩＳが使えるようになったとしても、時間や場所でどのように区切れば全体像が把握できるかという課題はなくなりません。

もう一つ留意すべき点は、情報が集中する場所はもちろん、空白の場所であっても、空白であること自体が重要な情報になるということです。情報が集中している場所が助けを必要としている場所であることは間違いないでしょう。ですが、情報が空白の場所はもっと深刻な事態が生じている場所かもしれません。災害の現場では、情報を伝えるインフラにも被害が及んでいることがあり、すべての情報が届けられていない可能性があるためです。

新聞情報を集める

今日では、情報収集の第一歩といえばまずインターネットで検索してみることになりつつあるようですが、インターネット上の情報も、もとはといえば新聞・雑誌やテレビ・ラジオなどのマスメディアが報じたものであることも少なくないため、インターネットを含めた情報の収集と整理について考える前に、新聞の情報についていくつかの特徴を整理しておきましょう。

新聞に掲載される記事は記者が取材して書いていますが、新聞に載るすべての記事をその新聞社の記者が書いているわけではありません。自前の新聞を発行せずに記者だけがいて取材している通信社が配信する記事を、新聞社が載せることもあります。新聞記事には、それが通信社からの記事なのか、それともその新聞社の記者が書いた記事なのかが分かるように書かれています。外国のニュースでは、自社の記者が取材した場合にはその記者の名前と取材した場所が記事に添えられるので、毎日の記事を見ていると、その新聞社の記者は何人いて、それぞれ何月何日に現地に到着して取材したのか推測できることもあります（現地に到着しなくても、たとえば首都で関係者に取材して記事を書く場合もあります）。また、新聞社や通信社はすべての国に記者を派遣しているとは限らず、どこかの国で大きな事件が起こると、その周辺国に常駐している記者や、普段は日本にいる記者が助っ人として現地入りすることもあり、その様子も新聞記事の署名を見れば分かります。

進行中のニュースを追うのであれば、新聞を毎日読むことは有効な情報収集手段の一つです。日本には新聞の宅配制度があるので、定期購読していれば毎日自宅に新聞が届けられますし、駅やコンビニエンスストアでも新聞を買うことができます。多くの図書館ではその日から数日~数カ月さかのぼって新聞を閲覧できるようになっています。

もちろん新聞社のホームページから記事を読むこともできます。進行中の出来事について調べるなら、紙の新聞よりもインターネット上の新聞の方が要領よく情報を集めることができます。日付やキーワードで記事を検索できるため、日々の紙面をめくって記事を目で探さなくてもよく、記事の見落としを防げるという利点があります。ただし、外国の人名や地名のカタカナ表記が記者によって違うこともあり、キーワードの設定の仕方次第では探している記事が見つからないこともあります。ですから「キーワード検索」だけでは情報収集に漏れがあるということは忘れないようにしましょう。また、インターネット上の記事は時間が経つと削除されるため、過去に起こったことについて調べたいときには必要な情報が見つからないこともあります。

紙版の紙面をめくっていると、直接調べていること以外の記事も目に入ってくるので、「時代感覚」を身につける助けにもなります。また、新聞記事には、書かれている文字情報だけでなく、紙面のどの位置に配置され、見出しの文字の大きさや書体がどうであるかといったデザインが施されており、そういったデザインにも言外のメッセージを伝える働きがあります。デザインを含めて紙面から得られる情報を読み取るには紙版（または紙面をそのままレイアウトしたデジタル版）を見ることが必要です。[*7]

オンタイムの情報を捉える①——新聞記事

情報を時間で整理する

それでは、災害発生時の新聞報道をもとに被災地の様子を把握することについて、実際の例をもとに考えてみます。まず情報を時間で整理してみましょう。

表1は、スマトラ沖地震・津波についての日本の新聞報道の見出しを報道日に沿って並べたものです。はじめは被害の甚大さを伝えようとする記事が多く、一月一二日ごろになると日本の支援団体の活動の様子が伝えられるようになり、一月一九日ごろには被災した人たちの暮らしぶりや人びとの表情を伝える記事が増えてきます。その合間には、どのような救援物資が不足しているか、どのような手当てが必要かといった、現地で求められている情報やサービスについての記事もあります。

＊7 実は紙版の紙面も一種類だけではない。新聞を発行した後でも新しい情報が入ってくると記事の差し替えを行うことがあり、同じ会社が同じ日に発行した新聞でも地域や印刷時間によっては内容が少し違っている場合がある（紙面ではこれを「版」であらわす）。

表1　2004年スマトラ沖地震・津波に関する日本の報道記事

被災から	掲載紙	掲載日	内容
2日目	毎日新聞	2004年12月28日	密林襲う、波の壁／紙一重の生と死
3日目	読売新聞	2004年12月29日	震源至近の街　鼻つく猛烈な異臭
4日目	朝日新聞	2004年12月30日	犠牲者　大半は「水死」　海岸から5キロも奥に　検視できず、外見から身元推測
4日目	毎日新聞	2004年12月30日	「水・薬・食料　早く」人手足りず　進まぬ遺体収容
8日目	毎日新聞	2005年1月3日	津波直撃　村が消えた
10日目	毎日新聞	2005年1月5日	被災孤児400人が不明　人身売買の可能性も
11日目	読売新聞	2005年1月6日	「ツナミまた来る」車の振動に泣き叫ぶ妻
12日目	読売新聞	2005年1月7日	「医者も看護師も死んだ」バンダアチェの病院
14日目	読売新聞	2005年1月9日	倒壊家屋の中から70歳男性を11日ぶり救出
17日目	朝日新聞	2005年1月12日	孤立数万人、頼みは米ヘリ　道路寸断、空から物資
17日目	朝日新聞	2005年1月12日	バンダアチェに空自輸送機が到着　スマトラ沖大地震で救援活動
17日目	毎日新聞	2005年1月12日	地域間の援助格差が拡大　スマトラ西岸など困窮
18日目	毎日新聞	2005年1月13日	復興へ活力、ミニFM局「アチェの声」元気発信
18日目	毎日新聞	2005年1月13日	救援物資つなぐ橋に大きな穴
19日目	朝日新聞	2005年1月14日	スマトラ島北部　被災地に支えあいの輪　イスラム団体と日本援助隊協力　元留学生ら駆けつける
19日目	毎日新聞	2005年1月14日	インドネシア・アチェ州で、子ども10人が重傷はしか―国連
19日目	読売新聞	2005年1月14日	アチェでの遺体の身元確認、断念　死者7万人埋葬
23日目	朝日新聞	2005年1月18日	教員1600人死亡か不明
23日目	朝日新聞	2005年1月18日	水道管復旧進まず　街中の75%が破損
23日目	読売新聞	2005年1月18日	「感染症、食い止めねば」アチェ救援の日本人医師は「阪神」経験
23日目	読売新聞	2005年1月18日	まずワクチン、陸自先発隊がスマトラ島で活動開始へ
24日目	朝日新聞	2005年1月19日	なけなし貴金属　売って生活費に
24日目	読売新聞	2005年1月19日	アチェ、9割死亡地区も
24日目	読売新聞	2005年1月19日	バンダ・アチェでマラリア発症者　日本チーム確認
25日目	朝日新聞	2005年1月20日	臨時事務所をアチェに設置　外務省
29日目	毎日新聞	2005年1月24日	バンダアチェでがれき撤去　日本のNGO
31日目	朝日新聞	2005年1月26日	テントで学校再開　スマトラ沖地震1ヵ月　登校して安否も確認
31日目	毎日新聞	2005年1月26日	不明の5歳娘と1ヵ月ぶり再会
31日目	読売新聞	2005年1月26日	インド洋津波から1か月　ゴミ散乱、トイレなし「衛生状態最悪」
31日目	読売新聞	2005年1月26日	インド洋津波から1か月　不眠、悪夢、幻聴…心のキズ深く
31日目	読売新聞	2005年1月26日	津波1カ月、衛生最悪の避難所で日本人女性が奮闘
33日目	毎日新聞	2005年1月28日	モスク残し全滅した村
35日目	読売新聞	2005年1月30日	母の執念　被災地捜し回り、息子と再会
36日目	読売新聞	2005年1月31日	被災者の心のケア急務　PTSD増加、専門家は不足
37日目	朝日新聞	2005年2月1日	復興ともす　避難所テントに電気
38日目	朝日新聞	2005年2月2日	漁船　被災者の足に「船賃、払える額でいいよ」
40日目	読売新聞	2005年2月4日	ユニセフ親善大使の黒柳徹子さん、インド洋津波支援の現場を訪問
41日目	朝日新聞	2005年2月5日	廃材集めて仮設住宅
41日目	毎日新聞	2005年2月5日	喫茶店「TSUNAMI」がオープン
43日目	朝日新聞	2005年2月7日	［被災地から］スーパー再開1号
43日目	毎日新聞	2005年2月7日	愛する村、離れない　自主再建も･･･多難
46日目	毎日新聞	2005年2月10日	「肉や卵食べてない」―援助の先細り懸念
48日目	毎日新聞	2005年2月12日	仮設住宅「遠く不便」―山間部建設に漁師ら
49日目	朝日新聞	2005年2月13日	貴金属店が営業再開の準備を始める
51日目	毎日新聞	2005年2月13日	土地台帳も被災
52日目	朝日新聞	2005年2月16日	津波の被災者15万人仮設に
52日目	読売新聞	2005年2月16日	神さま、ありがとう　被災の母子、50日ぶり再会

記事に登場する現地の人びとには、名前、性別、年齢が記されています。知らない土地の知らない人についての情報も、名前や年齢が記されることで身近に感じられる気がします。海外の被災地の事情をよく知らない日本の読者に対して、限られた紙面で現地の雰囲気を伝え、被災地で生じている事柄を想像させる工夫の一つです。

時間の経過とともに課題が移り変わっていく様子も分かります。はじめは水や食糧不足、次に薬、そして避難所の確保や住宅再建へと話題の中心が移っていきます。[*8] ただし、それぞれの記事は個別の地点や人についての情報なので、被災地全体の様子がどうなっているかは個々の記事だけでは分かりません。

情報を場所で整理する

次に記事を場所で整理してみます。[*9] 実際に記事を読んでみると、その多くに書かれている地名は「バンダアチェ」となっています。バンダアチェはインドネシアのアチェ州の州都で、津波で被害が集中した地域の一つで、人口約五四万人、面積二八六六平方キロメートルの広がりを持っていますが、実際にはこれだけの広がりをもった都市が一律に同じような被害を受けたわけではありませんん。日本の読者にはそれ以上細かい地名を書いても分からないだろうという判断もあると思いますが、記事の多くにバンダアチェとしか書かれていないと、地図上に置いてもほとんどが一点に集中してしまい、地区ごとの違いが見

＊8 被災によって生じた課題だけでなく、人びとが日々の生活を取り戻していく様子も報道される。たとえば、「被災地で営業が再開された」「被災地で赤ちゃんが生まれた」といった情報は、大規模な災害時の報道で必ずといってよいほど取り上げられる話題である。

＊9 記事を場所で整理する意味についてさらに詳しく学びたい人は、前掲の山本博之『復興の文化空間学――ビッグデータと人道支援の時代』第一章「災害情報を地図化する――スマトラ島沖地震・津波」を参照のこと。

えてきません。

それでは、市より細かい地区名を調べるという方法はどうでしょうか。先に紹介した記事を、内容からどの地区についての記事か調べて、分かる範囲で地図上にプロットしたのが図⑧です。時間で整理しただけよりも分かりやすくなりました。ただし、記事の内容から場所を特定できるものは数がかなり限られます。そもそも、あまり土地勘のない記者が地名を調べて報道して、それをやはり土地勘のない読者が地図上で調べるというのは、手間や情報の精度を考えるとあまり現実的ではありません。[*10] ＧＩＳのように技術が発達すれば、より細かい地名を正確に調べて地図上で表現したり、地名抜きの緯度・経度で地図上に表現することも可能になるでしょうが、それだけでは全体で何が起こっているか把握できるとは限りません。

他の情報と重ねる

図⑨はバンダアチェの津波被害を示したものです。海岸から一～二キロの地域は津波で建造物のほとんど

図⑧

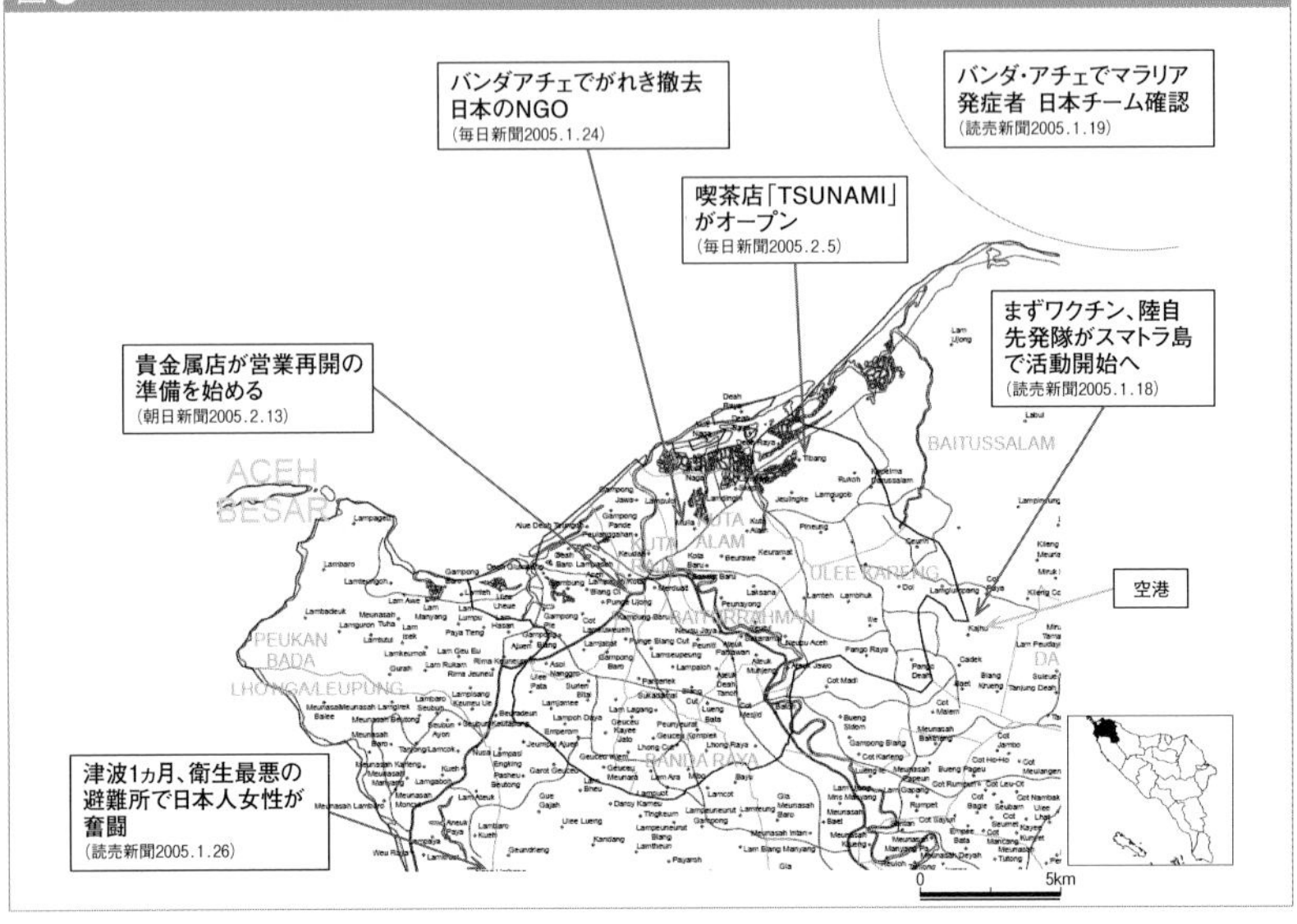

報道された災害情報を地図上に置いてみる。

図9

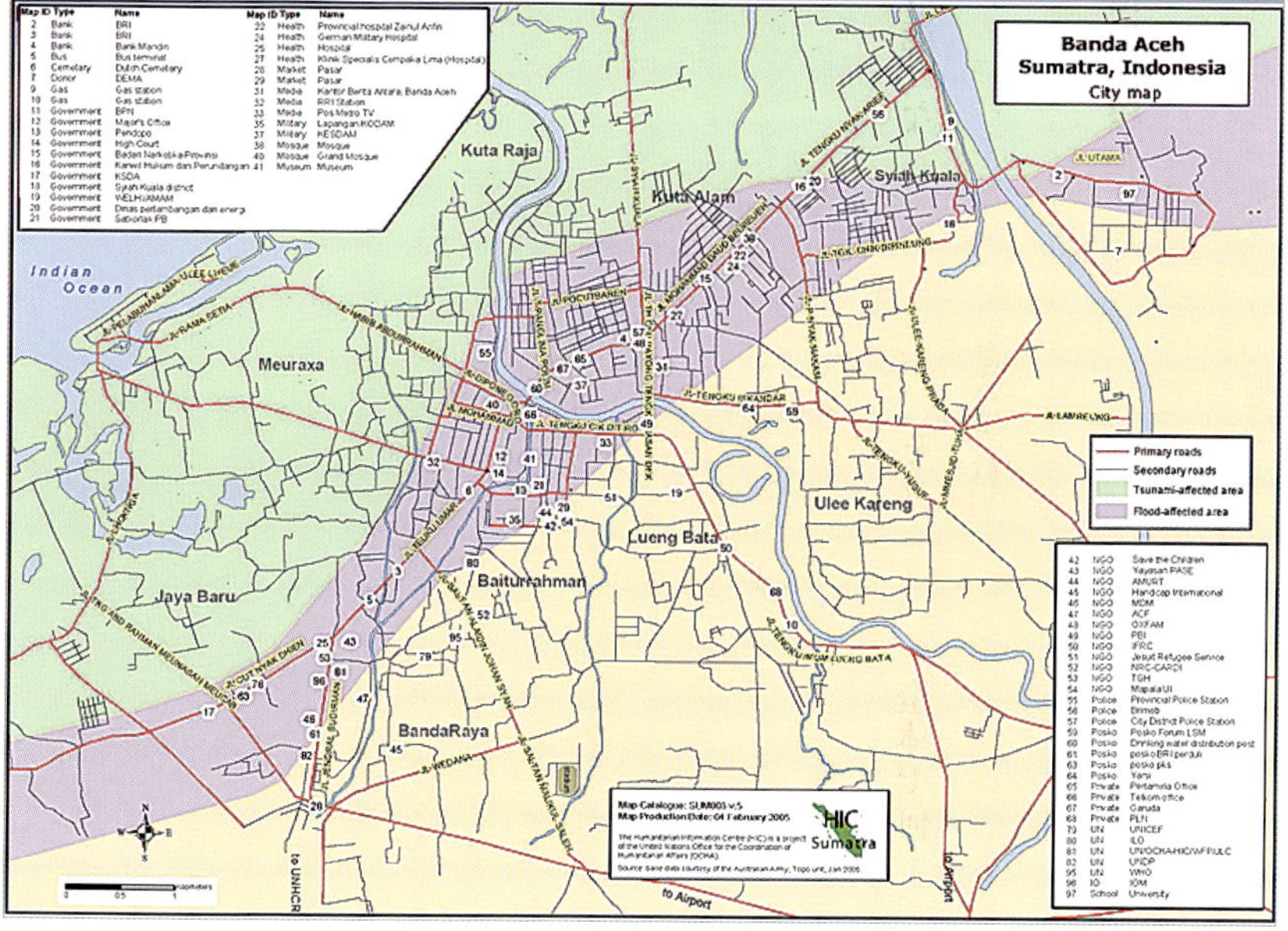

バンダアチェの津波被害の区分。地図上部が海岸で、津波は左上方向から右下方向に押し寄せた。

図10

海岸から一～二キロ地点。ほぼ跡形も無く建物や植生が破壊された。

図11

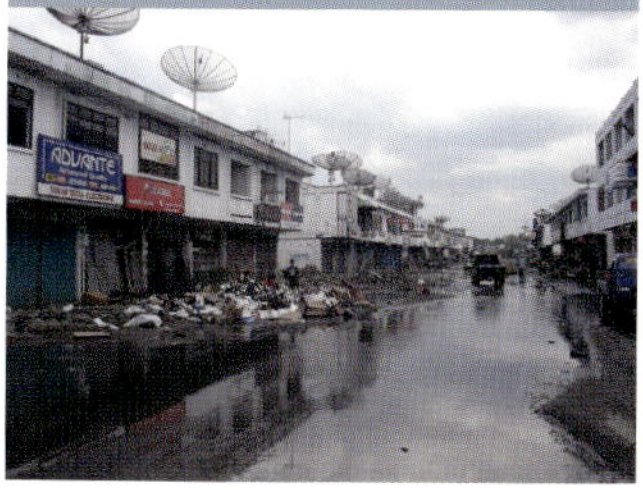

海岸から三～五キロ地点。津波後、排水が十分にされず水浸しのままの市街地。

図12

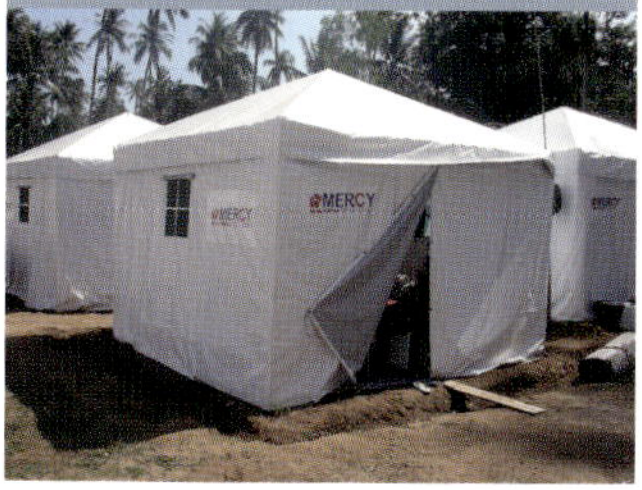

内陸部に設置された仮設テントの避難所。

＊10 日本の読者にあまり馴染みがない外国の出来事を報道する場合には、地名をどう表記するかという問題もある。記者が耳で聞いた音をカタカナにした地名と、地名のローマ字表記をカタカナにした地名が食い違うこともある。

が押し流され、土台しか残らなかった地域です（図⑨緑色部分・図⑩）。海岸から三～五キロの地域では、建物は残ったものの、津波が押し流した土砂や瓦礫が建物に入り込み、浸水被害を受けました（図⑨紫色部分・図⑪）。それよりも内陸の地域は、津波に先立つ地震の被害は受けましたが、津波による直接の被害は免れました（図⑨黄色部分・図⑫）。

この図を先の記事の分布と重ねてみると、それぞれの記事の背景が分かりやすくなります（図⑬）。さらに、この三つの地域分類をもとに他の報道記事も分類してみると、時期によって報道で言及されている地域に偏りがあることも分かります。*11

*11 ここでは津波被害の程度で三つに分けてみたが、それ以外の地域区分も考えられるし、この地域区分が常に有効だとも限らない。本文にも述べたとおり、知りたい出来事ごとに有効な地域区分を見つけることが必要となる。

図⑬

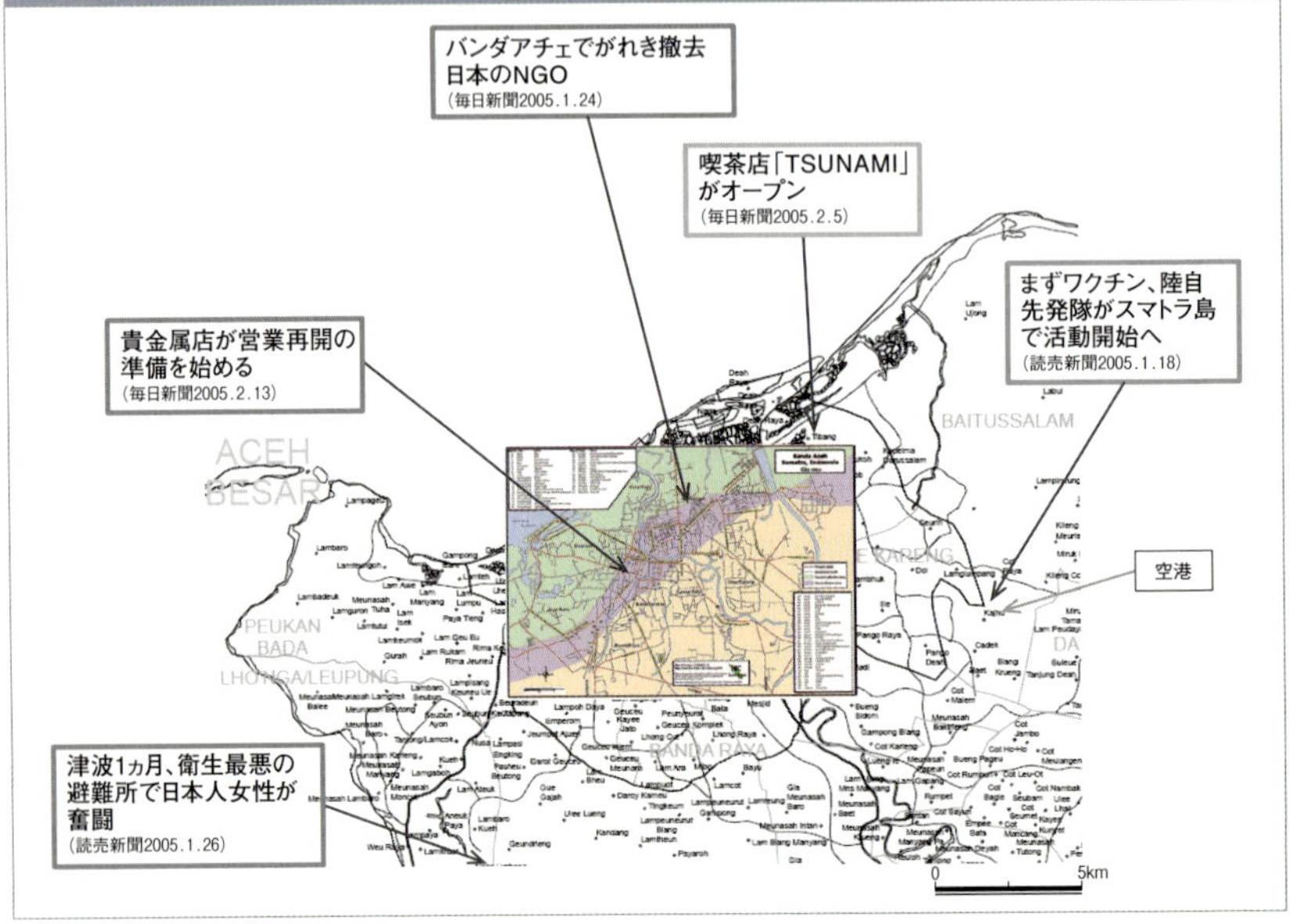

情報を適切な大きさで分類する

情報を受け止める際にはスケールも重要な要素です。数値データをどう読めばよいかを考えましょう。

アチェ州全体では、人口約四三〇万人のうち一二万六〇〇〇人が津波で死亡し、三万七〇〇〇人が行方不明になり、住宅を失って避難した人は四八万人に上りました。この数字だけでは具体的な状況を掴みにくいので、県・市別に分けてみます。[*12] 被災当時、アチェ州は二一の県・市に分かれていました（図⑭・表2）。県・市別の地図と見比べると、県・市ごとに被害の大きさが違うことは分かりますが、全体でどのような傾向にあるのかを掴むのは難し

図⑭

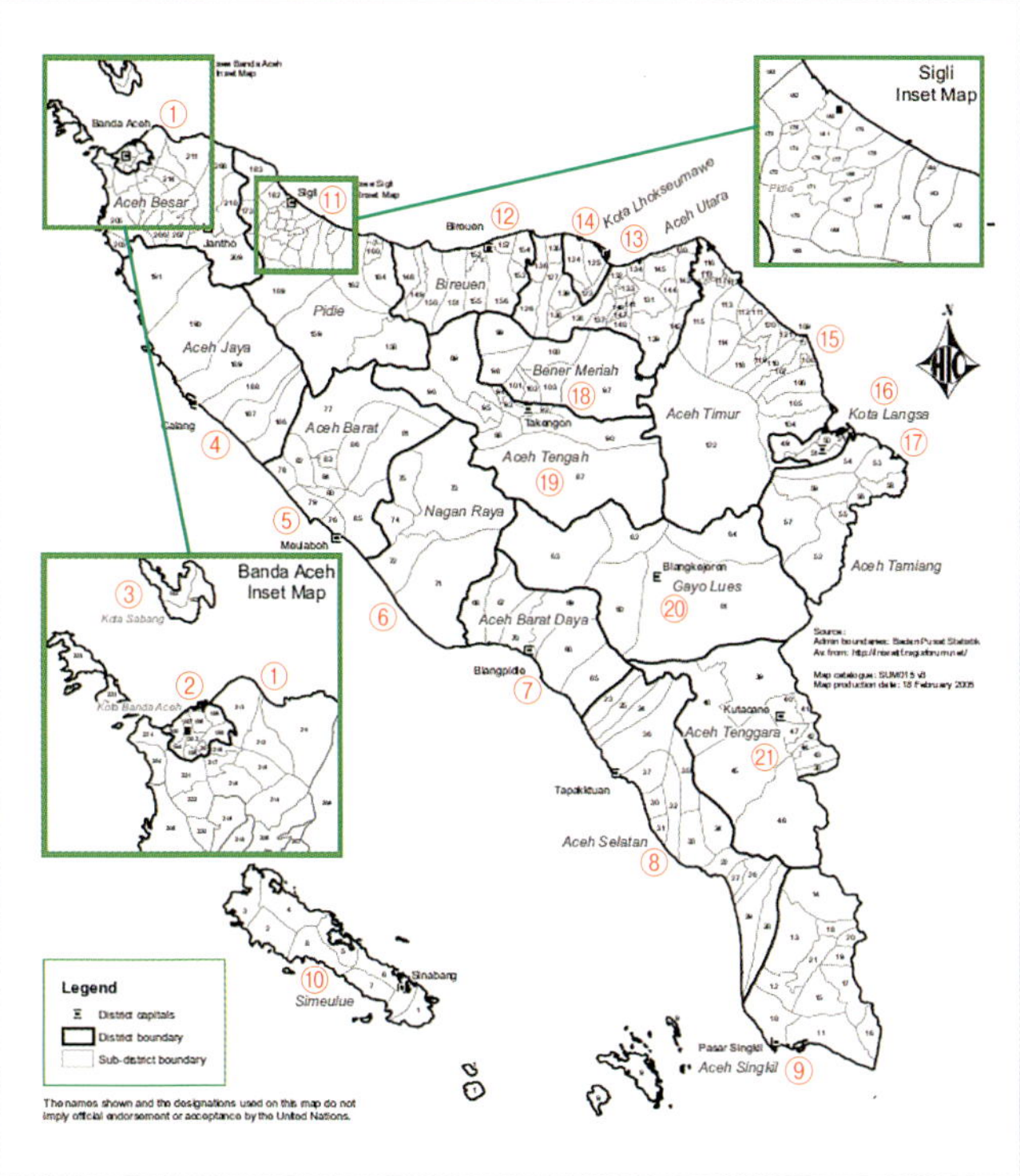

*12 日本では県の中に市町村があるが、インドネシアでは州の中に県と市があり、県と市は行政地区としては同じレベルのものである。県・市の中には郡や区や村がある。

表 2　アチェ州の県・市別被災者数（2005 年 5 月）

	県・市名	被災前人口	死亡(人)	行方不明(人)	避難民(人)
バンダアチェ周辺	①大アチェ県	295,957	38,531	15,176	98,384
	②バンダアチェ市	223,829	52,273	15,394	40,831
	③サバン市	24,498	25	108	5,633
西南海岸部	④アチェジャヤ県	98,796	16,797	77	31,564
	⑤西アチェ県	195,000	10,874	2,911	49,310
	⑥ナガンラヤ県	143,985	1,077	865	11,281
	⑦西南アチェ県	115,358	3	0	13,847
	⑧南アチェ県	197,719	1,566	1,086	16,049
	⑨アチェシンキル県	124,758	22	4	2,032
	⑩シムル県	50,093	44	1	15,551
北海岸部	⑪ピディ県	517,697	4,401	877	32,067
	⑫ビルン県	361,528	461	58	14,043
	⑬北アチェ県	523,717	1,583	218	28,113
	⑭ロスマウェ市	167,362	189	11	16,412
	⑮東アチェ県	331,636	52	0	14,054
	⑯ランサ市	122,865	0	0	2,806
	⑰アチェタミアン県	225,011	0	0	800
内陸部	⑱ベネルムリア県	112,000	2	0	1,204
	⑲中アチェ県	160,453	192	277	5,161
	⑳ガヨルス県	66,448	0	0	0
	㉑東南アチェ県	150,776	31	0	1,759
	合計	4,209,486	128,123	37,063	400,901

図⑮

浸水地域マップ

いかもしれません。

これを別の情報と重ねてみます。図⑮は地形図に浸水地域を示したものです。緑の部分が平地、茶色の部分が山岳地帯、赤い部分が津波による浸水被害を受けた地域です。アチェ州全体は中央を走る山岳地帯によって地理的にバンダアチェ周辺、西南海岸部、北海岸部、内陸部の四つのブロックに分けられ、津波被害はバンダアチェ周辺と西南海岸部に集中していることが分かります。

四つの地域区分ごとに地域の特徴と被害の様子を整理すると次のようになります。西南海岸部は長い海岸線に沿って国道が走り、そこに市街地や住宅が集中しており、津波が広範囲にわたって沿岸部を襲ったために大きな被害が出ました。バンダアチェ周辺も津波に襲われましたが、州都で政治・経済・文化の中心ですから、人口も集中し、その分甚大な被害を受けました。北海岸は、津波による被害も受けましたが、他地域と比べると被害の規模は軽微でした。内陸部は津波による被害は皆無でした。

この地域区分を踏まえて県・市別の被災者数を整理してみると、四つの地域の被害の特徴がみえてきます（表3）。津波の被害が小さい北海岸部で避難民が最も多いことにも気づきます。調べてみると、バンダアチェ周辺や西南海岸部で被災し、安全な場所を求めて陸路で避難した人たちが北海岸部に流入していることが分かるのです。

このように整理すると、どこにどのような支援が必要なのかもみえてきま

表3　4つの地域区分によるアチェ州の被災者数

地域区分	被災前人口	死亡（人）	行方不明（人）	避難民（人）
バンダアチェ周辺	544,284	90,829	30,678	144,848
西南海岸部	925,709	30,383	4,944	139,634
北海岸部	2,249,816	6,686	1,164	108,295
内陸部	489,667	225	227	8,124

す。報道で多く伝えられるのはバンダアチェの情報ですが、これは被害の様子が甚だしいことに加えて、交通の便がよく支援関係者や報道関係者が現地入りしやすいためです。これに対して西南海岸部の情報があまり多くないのは、交通インフラが壊滅的な被害を受けて現地入りが難しいためで、被災者は集落ごとに孤立しており、個別に支援が必要な状況が続いています。また、北海岸部は津波被災地としては注目されていませんが、他地域からの避難民が大量に流入しており、北海岸部の避難民への手当てが必要なことが分かるのです。

直接の現場から離れて得られる「行動知」

どこかで大きな災害が起こったとき、できることならすぐにでも現場に駆けつけて救助活動に加わりたいと思うかもしれません。ただし、被災直後の現場に入れば事情が分かるとは限りません。現場に入ってしまうと自分が直接見聞きできる範囲のことしか分からないため、かえって全体像がみえなくなることもあります。現場から離れた場所で情報を収集して整理することも大切です。現場から離れた場所にいるからこそ様々な情報を効率よく収集して分析できることもあります。

災害や事件などのオンタイムの出来事についての情報は断片的で限られていることが多く、それらを集めていくことで全体像を掴むことができますが、大切なのはただ情報をたくさん集めればよいということではなく、集めた情報から全体の概要や傾向を把握しようとすることです。そのためにはいろいろな整理方法がありますが、どの場合にも通用する基本的な方法は、先に述べたように時間と空間で捉えることです。しかも、視覚的に分かりやすい方がよいため、時系列に沿った表を作ったり、地図に落としたりする方法が有効です。

傾向を掴むことは対策に必要な知識を得ることですが、目の前で起こっている出来事について、それが理論上どのような仕組みになっているかを理解する「理論知」だけでなく、そこにある課題の解決のためにどのような行動をとるべきかが示される「行動知」を引き出すことが大切です。そのためには、新聞・テレビやインターネットなどのメディアが伝える情報を時間と空間で整理するという基本的な作業の上に、そうしたメディアからだけでは得られない別の情報を重ねてみる必要があります。どのような情報を重ねれば全体像がみえるのかは、ある意味では運任せの部分もありますが、調べたいことが起こっている地域についての基本的な知識とともに、その出来事に関する様々な情報を現場でみていくことで、これは、と思うものに出会うこともあります。次章では、そうした出会いの一つとして、災害現場に残る遺構に注目してみましょう。

第2章　津波遺構を観察する
——人びとがどう使っているかをみる

百聞は一見に如かずといいますが、災害でもそれはあてはまります。地震・津波や台風などの災害は繰り返し起こりますが、どの災害も被害の状況は同じではありません。前章の津波被害のゾーン分けでもみたように、同じ災害でも地域によって被害状況が異なります。災害がどのようなものであり、被災した人びとがどのような状況で復興に向かっているのかを知るためには、実際に現場に足を運んで自分の目で見てみることが一番です。

二〇〇四年のインド洋大津波では、住民の九割近くが亡くなった村でわずかに生き残った人びとが、自分がどこにいるのか分からなくなったと語っています。津波で木々も建物も流されて景観がすっかり変わってしまったということもありますが、家族・親戚や友人たちが大勢いなくなり、他者と繋がっているという感覚が失われたためです。被災地ではテレビも新聞もなく、携帯電話もバッテリーが充電できずに使えず、よその世界の情報が入ってきません。見渡せる範囲や歩いていける範囲なら自分の目で見ることができますが、この被害がどこまで及んでいるのか、新聞・テレビやインターネットなどの情報なしに知ることはできません。そのため、自分は世界から孤立して取り残されてしまったのではないかと感じ、苦しむことになります。

それでは、実際に現地に行ったら何をどう見ればよいのか。ここでは、現地の人たちがいろいろな方法で発しているメッセージを読み解く方法を紹介します。現場では被災者や支援者といった当事者の話を聞くのが一番ですが、ここで大切なのは、人には言葉にならないけれど思いや伝えたいこともあるということです。当事者が自分では意識していないけれど表現されているものもあります。だから、メッセージの読み解きは少し大胆なくらいがちょうどよいのです。それを相手に押し付けるためではなく、対話の糸口とするためです。

被災地を訪れてみる

二〇〇四年のインド洋大津波で最大の被災地となったインドネシア・アチェ州の州都バンダアチェを訪問してみることにしましょう。[*13] 飛行機でバンダアチェを訪れると、バンダアチェの海岸から十数キロメートル内陸の空港に着きます。バンダアチェの中心市街は沿岸から数キロの範囲にあるので、飛行機でバンダアチェ入りした人は空港のある内陸部から次第に海に近づいていくことになります。ただし、ここでは津波の被害が大きかった海沿いの地域から内陸に向かう順番で、現在のバンダアチェに津波の痕跡を探してみましょう。

＊13 バンダアチェの被災と復興の様子を知りたい人は、京都大学地域研究統合情報センターがインドネシアのシアクアラ大学津波防災研究センターとともに開発した、以下のオンライン・デジタルアーカイブやスマートフォン・アプリも利用されたい。アチェ津波モバイル博物館・ウェブ版（http://disaster.net.cias.kyoto-u.ac.jp/Aceh_j/）ならびにアチェ津波モバイル博物館 Android 版（https://www.cias.kyoto-u.ac.jp/~yama/bosai/app_atmm.html）。

津波の被害を受けた中心市街は、津波から一〇年が経った今、物理的被害の跡はもうほとんど見えません。ただし、市内には津波の被災当時の様子のまま残されていたり、津波の様子を伝えるために津波後に作られたりしたものがあります。

ムラクサ病院跡と集団埋葬地

バンダアチェ市のウレレー海岸近くのムラクサ地区は、津波によってほとんどの建物が押し流されて土台だけが残った地域です。この地区のムラクサ病院跡地は被災当時のまま保存されています。壁が押し流されて内部が剥き出しになった三階建ての建物二棟が被災当時のまま立ち、この建物の来歴を示した掲示板があります。隣の敷地には、津波犠牲者を埋葬したムラクサ集団埋葬地や、津波避難棟を兼ねたシアクアラ大学津波防災研究センターがあります（図⑯）。ムラクサ集団埋葬地では毎年一二月二六日に津波被災の記念式典が開催され、ムラクサ病院跡地も会場の一部として使われます。地元の人びとは、ムラクサ病院跡地、ムラクサ集団埋葬地、シアクアラ大学津波防災研究センターがある一画を、世界の津波被災の防災と復興の情報拠点である「津波グラウンドゼロ」にしたいという構想を持っています。

図⑯

約一万五〇〇〇人が埋葬されたムラクサ集団埋葬地。墓碑はなく、埋葬場所には立ち入りが禁じられている。後ろに津波で破壊されたムラクサ病院の建物が見える。

ランプウ・モスク（トルコ村モスク）

バンダアチェから丘を挟んだ西側の海岸沿いの大アチェ県ランプウ地区では、住民約六五〇〇人の約九割が津波の犠牲になりました。すべての家屋が津波で流されましたが、モスクだけが奇跡的に倒壊を免れ、津波直後は、荒野のような光景の中にただ一つ立っていたこのモスクが地域の救援拠点となりました（図⑰）。現在は樹木も生い茂り、トルコの支援で作られた復興住宅が立ち並んでいます。[*14] 津波で壊れたモスクの外壁も修繕され、塗装も白く塗り直されていますが、内部の一角は柱が折れて天井が崩れて落ちかけた被災当時の状況のまま保存されていて、展示されている写真と合わせて被災当時の様子を想像することができるようになっています。

発電船

海岸から一～二キロから三～五キロの地点は、津波で押し流された瓦礫や遺物がもともとあった建物に重なって堆積したエリアです。このエリアにあり、アチェの津波被災を象徴するランドマーク的存在として知られているのが、バンダアチェ市プンゲブランチュ地区にある発電船です。

この船は一〇・五メガワットの発電能力を持ち、津波発生時にはバンダアチェ市の港に停泊して市の不足電力を補給する役割を担っていましたが、津波によって海岸から三キロメートル内陸のこの集落に運ばれました。長さ六〇

図⑰

沿岸部で唯一完全な破壊を免れ救援の拠点となったランプウ・モスク。

*14 復興住宅を改造した土産物屋については六二ページを参照。

メートル、幅二〇メートル、高さ一三メートル、容積約二五〇〇トンという巨大船舶が住宅地の真ん中に道路を横切る形で鎮座している様子は、被災直後の変わり果てたアチェの景色の中でもひときわ異様な光景で、被災直後から訪問者が絶えませんでした（図⑱・⑲）。

現在では発電船を取り囲む形で津波教育公園が整備され、「アチェの津波の威力を示す無言の証人」としてバンダアチェの津波ツーリズム拠点の一つとなっています。船の周りにはスロープが設けられ、子どもから高齢者まで足元を気にせずに船の上に上がることができるようになっています。船の周辺には高い建物がなく、船上からバンダアチェ市の景色を一望することができる展望台としても人気があり、週末の晴れた日には記念撮影をする人びとで賑わっています。船の周りのスロープは、地上より高いところから景色を見るためのものですが、次に津波が来たときの避難場所としても考えられています。

この発電船とその周りの様子は後でもう少し詳しくみることにします。

津波ボートハウス

バンダアチェ市ランプロ地区にある津波ボートハウスは、津波により民家の上に漁船が乗り上げた津波遺構です（図⑳）。二階建ての民家の二階部分を半分壊す形で乗り上げた漁船の上で五九人が命拾いしました。この集落は約六〇〇〇人の住民の四分の三が津波の犠牲となりました。現在では、漁船を支える部分は鉄骨で補強され、民家の二階部分は写真資料室として整備されています。漁船を間近でみるためのスロープが増設され、記念撮影用の広場や訪問者向けの駐車場も整備されています。付近には土産物店が軒を並べて、この地区の名産である鰹節調味料が津波ボートハウス印のパッケージで売られていま

図⑱

津波の脅威の象徴となった発電船。

図⑲

巨大な船体が、住宅地の真ん中に道路を横切る形で鎮座している。

図⑳

後に津波遺構として整備された「津波ボートハウス」の被災直後の様子。

す。バンダアチェ市長とランプロ地区長が署名した津波ボートハウス見学証明書も発行されています。バンダアチェ市が掲げる津波ツーリズム拠点の一つで、休日にはアチェ内外から訪問者が観光バスで乗り付けています。

津波博物館

アチェ州を襲った津波の概要を学びたければ津波博物館に行くとよいでしょう（図㉑㉒）。津波博物館は津波後にバンダアチェ市内に建てられた施設です。津波犠牲者の追悼、津波の体験の記録と継承、防災教育、津波避難棟、復興支援してくれた国々への感謝というように、いくつもの機能が重ねて託されています。

幾何学模様のタイルが張り巡らされた一風変わった形の建物は、『旧約聖書』で大洪水のときに人や動物などの命を救ったとされる「ノアの方舟」をイメージして作られました。津波博物館がある交差点は、海岸から市の中心部に向かう道と内陸の幹線道路を結ぶ交差点で、津波発生時には海岸部から内陸部へ避難する車と人で大渋滞となり、逃げ遅れて大勢の人が犠牲となりました。その教訓を踏まえて、津波発生時には津波避難棟として利用できるように設計されています[*15]。

日本の活動も紹介されています。地震や津波の経験が豊富にあり、防災先進国ともいえる日本は、アチェの復興やその後の防災教育に多大な支援をしてき

＊15 津波博物館は独特のデザインをしており、訪問客は見学ルートを辿っていくことで津波の犠牲者の経験を追体験することができる。西芳実『災害復興で内戦を乗り越える――スマトラ島沖地震・津波とアチェ紛争』（災害対応の地域研究2、京都大学学術出版会、二〇一四年）第七章「亀裂の修復と社会の再生」も参照。

ました。津波博物館の中央にある吹き抜けの広場の天井にはアチェを支援した国々の旗が飾られており、日本の旗もあります。

津波博物館の隣にはバンダアチェ市の中央広場があります。市の式典に使われるほか、サッカーやバスケットボールをする運動公園として市民に親しまれています。アチェの復興支援に手を差し伸べてくれた世界の国々への感謝の意をあらわすため、この広場が「世界の国々にありがとう公園」（図㉓）として整備されました。ジョギングコースが作られ、コースに沿って五四の舟形のモニュメントが置かれています。それぞれのモニュメントにはアチェの復興を支援した国ごとに、国名と国旗とその国の言葉で「感謝」と「平和」を意味する

図㉑ 津波博物館。幾何学模様のタイルが張り巡らされた一風変わった形の建物だ。

図㉒ 津波博物館の吹き抜け部分に渡された「希望の橋」と天井に翻る万国旗。橋上では来館者がスマホで記念撮影をしている。

図㉓ 世界の国々にありがとう公園

言葉が書かれています。日本のモニュメントには「ありがとう」と「平和よ」という文字が刻まれています（図㉔）。

津波遺構に託されたメッセージを探る

津波遺構とは、本来そこにないはずのものが存在することで津波の猛威を示すものなので、被災地を被災前に戻そうと考えるならば邪魔物となります。また、津波遺構が津波災害の悲惨さを想起させ、周辺住民の悲しみや喪失感をかきたてることから、復興を目指す住民の意欲をそぐという考え方もあります。

しかし、アチェでは津波遺構を残すかどうかがほとんど議論になりませんでした。それは、アチェの津波遺構が、無念と痛ましい記憶を象徴する場所としてよりも、むしろ多くの命を救ったり外来の支援者たちに津波経験を共有してもらう手がかりとなったりする場所として捉えられていたためではないかと思います。津波遺構にアチェの人びとのどのようなメッセージが込められているのかを、発電船を例に考えてみたいと思います。

青年団による交通整理

発電船は解体して撤去する計画も出ましたが、費用が掛かりすぎるとの理由で断念されました。津波被災モニュメントとして保全する提案は二〇〇五年二

図㉔

「世界の国々にありがとう公園」にある日本のモニュメント。

月頃からありましたが、当初は地元の青年団が自主管理しているだけでした。

図㉕は被災から四か月後の発電船の様子です。国際学術調査団の一行が地元の大学関係者の案内で津波被災地の状況を視察しにきています。津波で破壊された周辺の建物は片づけられ、発電船の周りには何もありません。視察に来た人びとが車を駐車する際に迷わないよう、発電船に通じる道の入り口に小さな椅子が置かれ、地元の青年団が常駐するようになったのはこの頃です。

集落ゲートの模型

図㉖は発電船がある集落の入り口に作られたゲートです。柱には精巧に作られた発電船の模型が載せられています。津波から半年ほど経つと、津波の実相を知ろうとする人びとがこの集落を連日訪れるようになりました。発電船の模型を載せたこのゲートは幹線道路沿いに置かれ、バンダアチェに土地勘のない人にとって発電船の場所を見つける格好の目印となりました。

折句の入った募金箱

図㉗（次頁）は被災から一年後の様子です。発電船に向かう道沿いに募金箱がいくつも並べられています。それぞれ形も素材も違うことから分かるように、募金箱は近隣の住民がありあわせの材料で作って置いたものです。発電船を見に来た人の注意をひくためか、募金箱には思い思いのメッセージが書かれ

図㉕

被災から四か月後の発電船と国際学術調査団。

図㉖

発電船のある集落の入り口に置かれた発電船の模型のゲート。

ていました。中には、頭文字を並べるとTSUNAMI（津波）となる折句になっているものもあります。

神は命じた（Tuhan Suruh）

預言者の民に（Umat Nabi）

覚醒せよと（Agar Menjadi Insaf）

この募金箱は発電船の訪問者からの寄付を期待して置かれたものですが、募金箱を管理する人が周囲に見当たらないことからも、たくさんの募金が集まることを期待しているわけではないようにみえます。むしろ、発電船を訪問した人たちに語りかけ、津波被災体験を共有しようとするきっかけ作りのツールにみえませんか。

図27 折句の入った募金箱がいくつも並ぶ。

新聞の風刺マンガ

図28は、被災から一年ほど経った頃に地元の新聞に掲載された風刺マンガです。イラストを見るだけでもなんとなく雰囲気が分かりますが、言葉が分かるといっそうメッセージが明らかになるので、漫画に書かれている言葉を簡単に説明しておきましょう。左端のコマでお腹が丸い男性が持っているカバンに書かれているのは「ドナー（寄付者）さま」で、この男性がアチェの復興支援のために多額の援助をしたことが分かります。右端のコマの立て看板は「津波から一年が過ぎても私たちはまだテントで寝起きしている」です。

インドネシアの情景に慣れ親しんだ人ならば、ドナーを案内している人が役人の服装をしていることが分かります。被災地見学に訪れた外国のドナーに対して、役人は津波の被害の凄まじさが実感できるような「絵になる」被災地、たとえば津波で内陸に運ばれた船がある場所を案内します。これに対して漫画の主人公ガムチャントイ（Gam Cantoi）は、仮設住宅にさえ入れずにテント生活をしている人たちのところに案内します。役人は「見たくない」と目を覆い、ドナーは口をあけてびっくりしています。

多額の資金援助を得ながら復興が進まない状況を見せたくない役人と、被災地の視察に来て津波の凄まじさを見るだけで満足してしまうドナーの双方を皮肉りながら、被災者たちが自分たちの置かれた状況を客観的に捉えた上で笑ってみせるというたくましさが窺えます。

写真展

図㉙（次頁）は被災から二年後の様子です。発電船のまわりに写真が展示されています。展示されている写真の多くは発電船と直接関係ない写真で、津波によって一変したバンダアチェの景色の写真です。地元の人が入れ替わり立ち代わり訪れ、携帯電話で写真を撮っている人もいます。誰かに写真を送って様子を見せようとしているのでしょ

図㉘

「絵になる」被災地を案内して外国のドナーを接待する役人を描く風刺マンガ（『スランビ・インドネシア』掲載）。

うか。写真を見ながら話をしている人の姿も見えます。同じ制服を着ているところを見ると、同じ勤め先の仲間が連れ立ってきたのかもしれません。被災から二年経ち、発電船の周りの地面も少しずつ緑色に色づいています。被災直後の写真をあらためて見ることで、ゆっくりではあっても少しずつ復興が進んでいることを確認しているのでしょうか。

青物市場・魚市場

図㉚は被災から三年半後の発電船の様子です。隣接した地域の土地が買い上げられて津波教育公園としての整備が始められています。子ども向けの遊具がしつらえられ、被災直後の荒れ果てた様子から姿を変えつつあることが分かります。同じ敷地内に建設された白い小屋には被災当時の写真が展示され、訪問者がくると写真を説明する役を買って出る住民も出てきました。

発電船の周囲の集落の再建が進むにつれて、発電船の近くに市場が立つようになりました。図㉛は住民が建てた雑貨屋の前に移動式の青物市場が出て女性たちで賑わっている様子です。向かいにも移動式の魚市場が出て住民が魚を吟味しています（図㉜）。

津波教育公園

発電船のまわりにスロープが設置され、子どもからお年寄りまで誰でも船上

図㉙

発電船の脇で催された被災写真展。人びとは共に見ながら、それぞれの被災体験を共有する。

に上がってバンダアチェ市内の様子を一望することができるようになりました（図㉝）。周囲の住宅が再建され、津波直後の様子を想像しにくくなってくると、発電船が津波遺構であることが分かるように、津波によって壊された住宅跡が復元されました。発電船がある集落の犠牲者名を記した慰霊碑も建立されて、発電船とともに訪問者の撮影スポットの一つになっています。先述したよ

図㉚

発電船を中心に整備された津波教育公園。

図㉛

発電船は人びとの集うセンターになっていった。青物市場が設けられる。

図㉜

魚市場も出来る。

図㉝

スロープも設置され、周辺を一望できる展望スポットとしてにぎわっている。

うに、現在、発電船は津波の猛威を物語る遺構として、また、船上からバンダアチェ市とその周辺を一望できる展望スポットとして、地元住民から外国の観光客まで幅広い層の訪問者で連日賑わっています。

自分なりの関心を向ける

アチェの津波遺構の様子からは、アチェの人びとが津波遺構を自分たちの共有財産として活用している様子が分かります。津波は家族をばらばらにし、慣れ親しんだ景色を失わせ、人びとの日常を破壊しました。そのようにして一人一人がばらばらになってしまったとき、同じ津波で被災したという体験は、何もかもを失った人びとが他の人と共有できる大切な体験でもあったのです。津波遺構はアチェの人びとにとって、津波の被害と復興の様子に関心を寄せてアチェを訪問するインドネシア内外の人たちと出会い、話をする場にもなっています（図34）。

このことは、災害の体験を教訓として共有し継承することを考えるときにも重要です。自分が直接体験していない災害から学び、それを自分の血肉にしていくことは簡単なことではありません。アチェの津波遺構とその周辺の様子からは、言葉で災害の体験や教訓を語って伝えようとするだけでなく、津波遺構に登ってみたり、写真を撮ってみたり、買い物してみたりするというように、

図34
犠牲者名を記した慰霊碑前で記念撮影する見学者。写真を撮ることは記憶と体験を共有する試みの一つだ。

目で見て体を動かして体験するしかけが作られています。被災し、復興が取り組まれている現場に身をおいて行動してみること。そうすることで、被災や復興について言葉で説明されていることの意味がより深く分かることがあります。

津波の日を境に生活が一変した人びとも、毎日ずっと津波のことを考えてきたわけではありません。復興事業が進められると、一人一人が自分の生活を建て直し、新しい仕事を始めるようになります。時が進むにつれて引っ越したり、中には新しい家族を作るようになる人も出てきます。道路や住宅が再建され、木々が緑を取り戻し、新しい人びとが住むようになると、人びとの関心は津波以外のことに広がっていきます。

被災した人びとに対して、世界はあなたがたのことを忘れているわけでも見捨てているわけでもありません、被害に心を痛めて復興を祈っています、と伝えることも、被災地の人びとにとって意味があります。被災地と世界を結ぶ役割を担うためにも、被災地を訪れて様子を見聞きして、無事に帰ってきてその話を他の人たちに伝えなければなりません。そのためにも、現地を訪れるのに適切な時期を見定める必要があります。

第3章　関係者の話を聞く
――使えるツールを探す

被災地を訪れたら、風景を見るだけで帰るのではなく、そこで働いている人や暮らしている人の話を聞いてみましょう。

外国の場合には言葉の問題があり、その解決方法は様々でここでは扱いません。しかし、外国語を習得するのであれ、誰かに通訳を頼むのであれ、お互いに外国語である英語で話すのであれ、言葉の問題が解決したとしてもそれだけで話を聞けるとは限りません。災害に遭った経験やそこから暮らしを立て直してきた経験は、誰かに聞いてもらうと気が楽になるという面ももちろんありますが、いつ、誰にどうやって話したいかは本人が決めることで、たとえ遠方から来た客人であったとしてもそれを強要することはできません。では、どのようにして話を聞かせてもらうのか。この問いに対する万能の答えはありませんが、一般論としては、話を聞きたい私がどこから来た何者で、どのようにして話を聞こうとする相手に尋ねあたったのか、そして私が何のために相手の話を聞きたいのかを理解してもらうことは、まず必要な事柄です。つまり、自分の話をすることが相手から話を聞き出すための第一歩ということです。実際には人によって様々で、時間をかけて何度か会っているうちに次第に打ち解けてくるかもしれませんし、共通の友人がいたり共通の趣味があったりすることで馬が合うこともあるかもしれません。

この場合の共通の友人や共通の趣味は、関係をよくして話を聞きやすくするための手段なので、（友人を「道具」扱いするのは悪いですが）ツールと呼ぶことにします。そうすると、ここで必要なのは、話を聞くために使えるツールは何かを探すということになります。

繰り返しになりますが、話を聞くために使えるツールは人によって違いますし、同じ人でも時と場合に応じて使えるツールが変わることもあるので、どの場合にも使える万能のツールはありません。ここでは、私の個人的な経験から、タイプライターと写真（スマホのカメラ）という二つのツールについて紹介します。

物語を集める――タイプライター・プロジェクト

私がアチェで取り組んでいる活動の一つに、アチェの被災者による手記を集めるというものがあります。被災者のうち比較的時間に余裕がある人が、生活再建に一段落ついて時間や気持ちに余裕が出てきた頃を見計らって、手動式のタイプライターと紙を渡して、これまでの人生を振り返って自由に文章を書いてもらうというものです（図35・36・37）。

タイプライターを使うのは、それが電気を使わずに済むためです。手書きだと書き癖があることに加えて、怪我などで手にうまく力が入らず書きにくいという意見もありました。五〇代以上になるとパソコンはうまく使えないという人も多く、タイプライターは手軽でよい仕上がりが得られる筆記具として歓迎されました。インドネシアでは公文書をタイプライターで書くことが求められるため、個人的な書類作成にも役立ててもらえるのではないかという考えもありました。

津波や紛争といった大きな出来事が発生すると、その出来事への関心が高まり、それに人びとがどのように対応し、どのように考えたかについての情報が集められます。しかし、人びとはそれらの出来事が起こる前からその土地で暮らしており、津波や紛争といった出来事はその暮らしの延長上に発生したものの一つです。津波や紛争が起こっていない時期の経験も集めることで、大きな出来事を人びとがどのように受け止めているかを位置づけることができるはずです。

津波の前後一〇年余りにわたる現地調査で出会った人びとの中から、文章を書くことに興味を持っている人で、比較的時間がありそうな人を何人か選んで、被災後の数年間は年に二、三回の割合で訪問して暮らしの様子を聞き、復興に一段落ついて生活や気持ちに余裕が出てきたと思えるようになった順に執筆を依頼していきました。喜んで引き受けてくれたけれど、半年後にタイプライターを持って再び訪れると、その二カ月前に亡くなっていたということもありました。遺族の方に話を伺うと、執筆のために古い新聞や雑誌の切抜きの整理を始めていたとのことでした。

図35

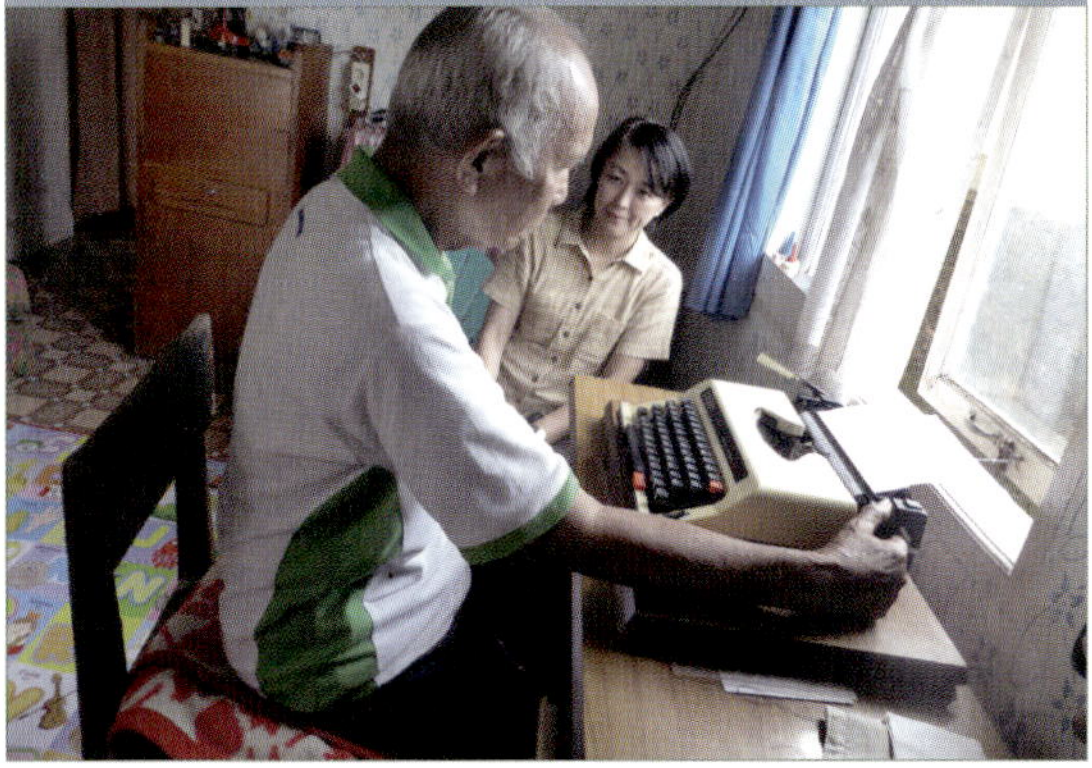

著者が取り組んでいるタイプライター・プロジェクト。

図36

タイプライター・プロジェクトに参加したAさん夫婦。

図37

半年おきに訪問して様子を聞く。

津波被災地では、財産をすべて流されてしまい、人生を一からやり直すことになった人たちがいます。知人や家族を失って、思い出や記憶だけが津波前からの唯一の財産だという人も少なくありません。だからこそ、記憶を記録にしておくことは大切です。

通常、聞き取り調査を行うには対象者との信頼関係を構築するのに一定の期間を要し、場合によっては一、二年かかることもあります。しかも、被災地で調査を行うには、対象者一人ひとりの復興の進み具合を見守りながら適切な時期を待つことも必要になります。私が最初の一人にタイプライターによる執筆を依頼したのは、被災から七年が経過した二〇一一年のことでした。人によっては依頼するまでもっと時間を要するかもしれません。

写真を撮る――メモリーハンティング

メモリーハンティング（メモハン）は、過去に撮った写真と同じ構図で写真を撮ることを容易にするスマホ・アプリです（図㊳）。メモハンについて紹介する前に、被災地で写真を撮ることについて考えてみたいと思います。[*16] 二〇〇四年のスマトラ島沖地震・津波の発生後から現在まで、現地で調査を行い、被災と復興の様子を記録に撮り続けてきた体験をもとに、災害被災地の記録を作るときにどのような点に留意すればよいのかを考えてみます。

図㊳

メモハンに登録された被災直後の景観（スマホ内上部）とメモハンで撮影した現在の景観（スマホ内下部）。

津波直後の被災地調査では、同行した工学の専門家がたくさんの写真を撮っていました。携帯電話のＧＰＳ機能が未発達で、カメラに外付けのＧＰＳ装置を付けて撮影する時代でした。車で被災地を走りながら数秒おきにシャッターを切っていました。私も同じように写真を撮ってみました。こうして、毎年二、三回被災地を訪れ、車での移動中もシャッターを切り続ける調査が始まりました。二〇〇六年にはソニーのＧＰＳキットが発売されて、デジタルカメラで撮影した写真に位置情報を付けることが容易になりました。

参考になったのは報道写真の撮り方でした。被写体に焦点を当ててまわりの部分は大胆に切り捨てるとか、心を動かす写真にするには顔を大きく撮るのがよいといわれました。確かに、報道写真は一枚一枚が共感を誘います。いつ誰が見ても心を打つ写真とは、情報を削ぎ落として、個別の文脈がなくても伝わる写真だということがよく分かりました。ただし、被写体に大きく焦点を当てる写真を撮ると、それがどのような状況で撮られたのか背景が分からなくなります。その地域社会の復興過程を記録したい私としては、特定の被写体に焦点を当てるのではなく、背景を含めた全体像が分かるような写真を撮るべきだと考えるようになりました。

何度も現地を訪れるうちに経年変化がみえてきました。同じ場所で違うときに撮った写真を並べることで、時の経過とともに復興が進んでいく様子が分かります（五二頁図41・42・43）。ただし、はじめは記憶に頼って写真を撮って

＊16
日本で災害を記録するメディアとして写真が一般的に利用されるようになったのは、一八八八年の磐梯山噴火の頃からとされる。詳しくは、北原糸子『メディア環境の近代化――災害写真を中心に』（御茶ノ水書房）を参照。また、災害や戦争の現場で写真を撮影することや、撮影された写真が伝えるメッセージについては、戦争写真について論じたスーザン・ソンタグ『他者の苦痛へのまなざし』（北原文緒訳、みすず書房、二〇〇三年）も参照。なお本書では、被災と復興の体験や記録を被災地域内で共有したり、被災地域とそれ以外の地域で共有したりする際のツールとして写真を捉えている。

いたため、正確に同じ場所で撮った写真はそれほど多くありませんでした。このような時に出会ったのがメモハンでした。メモハンを使うと、以前撮ったのと同じ場所で撮影することが容易になります。しかも、メモハンに参加することで、過去と今を比べ、そこからさらに未来を思うという営みが可能になります。

アチェの街頭でメモハンで写真を撮り続ける中、津波以前のアチェの街並みを撮り続けてきた郷土史家と出会いました。津波の前から撮りためていた写真の提供を受けて、現在の景観の中に津波後だけでなく津波以前の風景も探すことができるようになりました。過去の写真は過去のことを知るためだけでなく、今を生きる人たちにとっても必要なのです。

メモハンを試してみる

メモハンは写真を撮影するカメラ機能を持ったアプリです*17（図㊴）。普通のカメラと違うのは、あらかじめ登録しておいた写真をファインダーに表示させたまま写真撮影を行えることです。登録している写真の濃度を調節して半透明に表示してファインダー越しに見える景色と重ね合わせることができます（図㊵）。登録写真内の景色と撮影者の目の前にある実際の景色の輪郭を重ねて写真撮影することで、登録写真と同じ構図の写真を容易に撮影することができます。スマホ・アプリのカメラには撮影地点の位置情報を登録する機能がありますから、メモハンで撮影すると自動的に撮影地点の位置情報も取得できます。

＊17 国立情報学研究所の北本朝展研究室が中心となって開発したスマホ・アプリ。Google Play から無料でダウンロードできる。撮影された写真はウェブでも閲覧できる。詳しくは http://dsr.nii.ac.jp/memory-hunting/ を参照。

図㊴

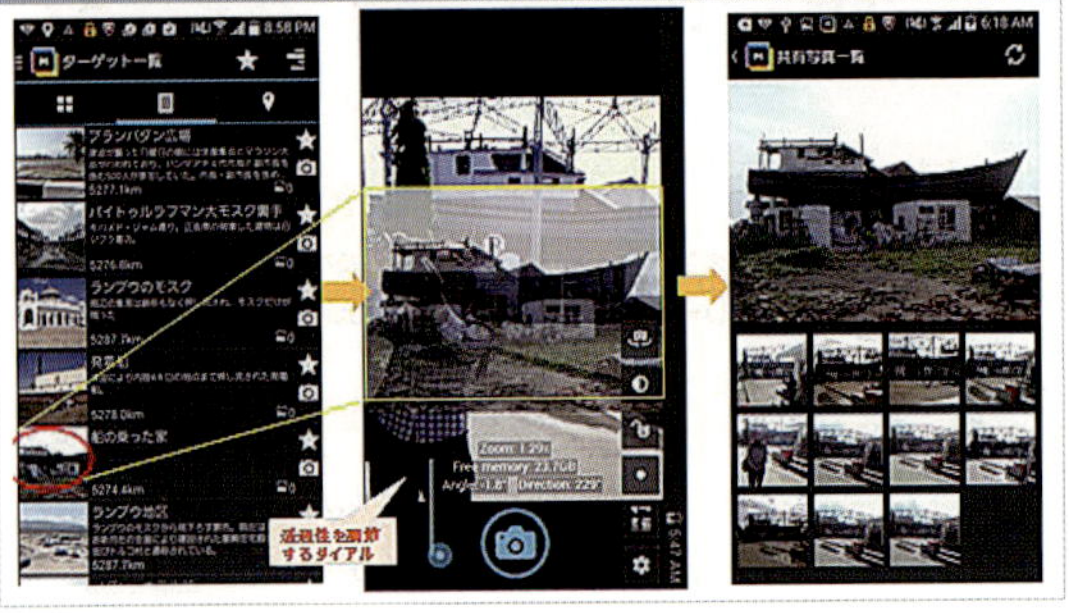

メモハン・アプリ

位置情報が分からない古写真も、痕跡を探して同一構図の写真を撮ることで、古写真が撮影された地点を再現することができます。

メモハンは、もともとデジタルカメラがなかった時代に撮影された古写真の撮影地点の同定や、災害復興の過程をたどるための定点観測写真の撮影を簡便化するために開発されたものですが、スマホ・アプリとして公開されたことで一般の人も利用できるようになりました。

「ハンティング」には、どこで撮影されたかを探す（ハントする）ことのほかに、その写真が撮影されたときの記憶を体感すること、そして「いま」の記録をハンティングして未来に伝えることという三つの意味があります。ハンティングという言葉には、生物として生きていくうえで欠かせない食糧を得るための狩猟をハンティングというように、記憶や記録を集めることもまた人が社会的存在として生きていくうえで不可欠のものであるという思いが込められています。

このアプリにアチェの津波被災地の被災直後の写真を登録して、バンダアチェでインドネシアの大学生に使ってもらいました。バンダアチェの地図もアプリに登録して、今いる地点の近くにどんな登録写真があるかが一目で分かるようにしました。被災から一〇年たったバンダアチェの街は復興が進み、前章で述べたような津波遺構を除いて、津波被災直後の面影はほとんど残っていません（次頁、図㊶・㊷・㊸）。大学生たちも、津波被災を直接経験した人だけ

図㊵

メモハン・アプリで登録されている被災前や被災直後の写真と同一構図の写真を撮る。

図41

被災三ヵ月後のバンダアチェ市街地（二〇〇五年三月）。

図42

瓦礫を含む津波で傷つけられた舗装は未修復（二〇〇六年九月）。

図43

津波被災の痕跡は景観からは、ほとんど感じられない（二〇〇七年一二月）。

図44

メモハンで記録していると、街の人たちも声をかけてくる。

でなく、被災後にバンダアチェに移住してきた人もいて、津波被災直後の記憶は必ずしも確かではありませんでした。

スマホを片手に街にグループででかけ、スマホの中の写真をみながら同一構図の写真が撮れる場所を探していると、街の人たちも何をしているのか気になったようで声をかけてきました（図44）。スマホに登録された被災直後の写真を見て、その付近の被災直後の経験を話し出す人もでてきました。津波被災当時はまだ幼かった大学生にとっては初めて聞く話もあります。中には、自分も被災直後の写真を持っているからぜひアプリに登録してほしいという人もできました。この活動のことを知った地元の写真家の中から、被災前のアチェの写真を登録するならば自分の写真を提供してもよいと申し出る人も現れました。

登録写真を撮影した地点が判明すると、学生は次に自分や友達をその構図の中に入れて写真を撮りました。新たに撮った写真は互いのスマホで共有できるほか、インターネット上で閲覧することができます。そこでの笑顔は、この次にメモリーハンティングをする人たちに向けられているようです。

大学生が撮影した写真は、その時点でのバンダアチェの景観を記録したという点で、被災地の「いま」の記録づくりへの参加であると同時に、ファインダーに向けた微笑みは、将来この街の景観の変化を辿ろうとする次の世代や、バンダアチェに関心を持つ外国の人たちと被災地の景観を共有しようとする試みだといえます（図45）。

撮影された地点のおおよその情報と撮影年月日が分かる写真であればメモハンに登録することができるので、この試みは他の地域にも広がっています。阪神淡路大震災の被災地である神戸の写真も登録されました。写真は視覚に訴えるため、言葉や世代の違いを越えてストレートに印象を伝える力があります。

神戸では、阪神淡路大震災の被災とその復興を学びに来たバンダアチェの大学生と、被災後に生まれた日本の高校生が一緒にメモリーハンティングをしまし

図45

バンダアチェでインドネシアの大学生とともにメモハンを使う。

た（図46）。どちらも被災と復興の過程を直接は知らないのですが、メモリーハンティングを通じて擬似的ながらも生きた街の復興を感じ取ることができたとの感想を持ちました。

使えるツールを探す

被災者でもなく、支援活動をしているわけでもなく、そこで生活しているわけでもない、いわば通りすがりのよそ者である訪問者と地元の被災者が話をする環境はどのようにすれば作れるでしょうか。話をする環境づくりには時間と手間がかかることや、相手に合わせた適切なツールがみつかると話が進むようになるというのは、実は地元の人どうし、同じ家族どうしでも同じです。

タイプライターで手記を書いてくれた被災者のAさんには、生まれてから今まで印象に残った出来事を中心に自叙伝を書いてくださいとお願いしました。Aさんはその頃、長年連れ添った奥さんとともに平屋だて1DKの復興住宅で暮らしていました。Aさんは私の依頼に応じて毎日少しずつタイプライターで自叙伝を執筆し、数か月かけてA4判の用紙に四〇頁ほどの自叙伝を完成させました。原稿を受け取りにAさんの家を訪問したときに尋ねてみると、この原稿は奥さんにまだ見せていないとのことでした。ところがAさんが席を外したときに奥さんに原稿について尋ねると、内容を知っていると答えます。Aさん

図46

インドネシアの学生と日本の学生が阪神淡路大震災の被災地でメモハンをする。

は毎日夕方に礼拝のために家を出て、そのときに書きかけの原稿が机の上に置いてあって、それを奥さんは毎日こっそり読んでいたそうです。そのため、奥さんとのなれ初めや二人のこれまでの生活をAさんがどのように書いているのか知っているとのことでした。手記を読んでみると、Aさんが奥さんと出会ってからこれまでとても奥さんのことを大切に思ってきたことが伝わる内容になっていました。

このエピソードから分かるのは、自叙伝の原稿が、それまで夫婦の間で話題にしたことがなかったメッセージを間接的に伝えるツールになっていたということです。

写真が重要なツールになることもあります。同じくAさんの家での出来事ですが、昔の写真を見せてくださいとお願いすると、ほとんどの写真は津波に流されてしまったけれどもこの写真だけ見つかったといって、Aさんが一枚の写真を見せてくれました。すると、その写真を見た奥さんがその写真を撮影した当時のことを話し始めました。

被災地で記念写真を撮ることについては、その是非がしばしば議論されてきました。けれども、写真を撮ったり見せてもらったりすることが、過去の話やいまの課題を共有するための手段となることがあります。大切なのは、自分一人だけために写真を撮るのか、それとも誰かと共有するために写真を撮るのかということです。

第4章　思い入れを読み解く
——違和感のもとを調べる

被災地で見られるメッセージは、これから生きていくためだけに、あるいは生き残った人たちが外の世界とつながっていくためだけに発せられるものではありません。ここでは、亡くなった人たちとの関係をどのように考えていたのかについてみてみたいと思います。

第2章で紹介した津波でモスクだけが残った大アチェ県ランプウ地区を訪れてみることにしましょう。バンダアチェ市の西約一五キロメートルの場所にあって、バンダアチェ市街地から車で二〇分ほどです。津波前は、白い美しい砂浜とヤシ林が立ち並ぶ風光明媚な海岸で、バンダアチェ周辺の観光名所の一つでした。農業や漁業のほか、観光客向けの簡易宿泊施設や飲食店の経営がこの地区の住民の生業でした。バンダアチェへの通勤圏内にあり、バンダアチェまで働きに行く人も多かったそうです。周辺の丘陵地では丁子栽培がさかんでした。

図47は、津波被災から間もない時期に、第2章で紹介したランプウ・モスク（トルコ村モスク）を周囲から撮影した写真です。このあたりは沿岸部にあり、津波の直撃を受けてモスク以外の建造物が全倒壊し、この地域に住んでい

図47

被災間もないランプウ・モスク遠景。周囲の建物は津波で全て流された。

た住民約六五〇〇人の約九割が津波の犠牲になりました。何代もかけて開拓され、人びとが育んできた暮らしは、日曜日の朝に襲ってきた津波によって跡形もなくなってしまいました。ただし、津波がくる前からこの地域の歴史は決して平たんではありませんでした。この地域についてのイメージを詳しくするため、少し歴史をたどってみましょう。

被災地の歴史と社会を知る

海で栄えるアチェ

豊かなスマトラ島を背後に擁し、マラッカ海峡の入り口という交通の要衝にあったアチェは、古くから東西交易の拠点として栄え、外来の勢力が敵となり味方となって波のようにやってくる土地柄でした。[*18]

この地域の発展の始まりは一五世紀終わりごろに遡れます。当時、東南アジアの東西交易の拠点はアチェからみてマラッカ海峡の対岸にあるマラッカ王国でした。東南アジアの胡椒貿易の独占をはかるポルトガルがマラッカを占領すると、アチェはポルトガルに対抗する地元商人の交易拠点とみなされ、発展が始まります。一六世紀にはオスマン帝国と直接交易するようになり、スマトラで産出する金や胡椒と引き換えにオスマン帝国から兵士や大砲を提供されていたことが記録に残っています。

＊18　近世から近代にかけてのアチェの歴史についてより詳しく知りたい人は、池端雪浦編『東南アジア史II 島嶼部』（山川出版社、一九九五年）を参照されたい。

一九世紀に入るとオランダはスマトラ全域を統治しようとし、アチェ進出をもくろみます。アチェは独立を維持するためにオスマン帝国やイギリス、アメリカ、フランスに援助を要請しましたが、支援は得られませんでした。一八七三年にオランダは海上からバンダアチェへの砲撃を開始し、アチェに上陸しました。バンダアチェはほどなくオランダに占領されましたが、アチェ軍は山にたてこもって戦い、オランダとアチェの戦争はそれから三〇年以上続きました。

海を越えてこの地にやってきたのはヨーロッパ勢力だけではありません。アジア太平洋戦争のときには日本軍もアチェにやってきました。マラッカを経由して日本軍がアチェに上陸したのは一九四二年三月一二日でした。ランプウ地区にも日本軍がやってきました。海岸沿いに作られたロンガ飛行場は日本軍の指示で作られた軍用飛行場です。

独立はしたけれど

日本の敗戦とともに、アチェでは、他の地域と協力してオランダからの独立を求める戦争が始まりました。植民地を取り戻そうとしたオランダは、軍用飛行場があったこの地区に海上から砲撃を、上空から銃撃をして攻撃したことが記録されています。けれども飛行場は破壊されるにはいたらず、スカルノ大統領が一九四八年にバンダアチェを訪問したときに飛行機で降り立ったのはロンガ飛行場でした。戦局はインドネシアが劣勢で、スカルノ大統領は当時オランダの再侵略を許していなかったアチェを訪れ、独立戦争を支えるための資金協力を求めたのでした。これに対してアチェの女たちはいざというときのための財産として身に着けていた金の装身具を提供し、その量は二〇キログラムになったというエピソードが知られています（図48）。

五年間に及ぶ独立戦争を経てインドネシアは独立しましたが、すぐに平穏な暮らしが手に入ったというわけではありませんでした。アチェは、オランダ領東インドという広大な領域を一つの国にしたインドネシアの一部として独立したため、首都が決めた仕組みがアチェのような地方に及んでくると、最寄りの港から直接船を出して対岸のマレーシアやタイと商売をしにくくなるなど、暮らし向きは思ったほどよくなりませんでした。

海が近く、灌漑施設も十分には整備されていない中で、丘陵地を切り開いて丁子農園が作られました。砂浜はきれいだったので街の人の憩いの場になりました。生活に余裕ができたバンダアチェの人たちも遊びに来るようになり、一九九〇年にはモスクの建設が始まりました。海岸リゾートとして整備が始まったのもその頃からだといいます。とはいえ、農地は限られており、子どもたちは中学校を卒業すると高校や大学での勉強のために村を離れてバンダアチェの学校に通い、学校を卒業した後は、仕事を探しにアチェを出て、首都ジャカルタに引っ越す人もいました。

図48

現在もアチェの女たちは金の装身具を身につけ、いざというときにこれを換金して家計を助ける。写真は、アチェ独立運動の集会に参加する人々（一九九九年頃）。

これに加えて、一九九八年ごろからアチェで内戦が激化します。アチェ独立運動のゲリラとインドネシア国軍の間の緊張が高まり、海岸リゾートも安全ではなくなりました（図49）。

日曜日の朝の津波

そのような状況の中を津波が襲いました。日曜日の朝のことでした。その日の朝、人びとがどのように時間を過ごしていたかは生き残った人びとの証言から窺い知ることができます。家族と一緒に休日の朝を楽しんでいた人もいましたが、朝から仕事や用事で家を出ていた人もいました。朝の漁を終えて魚市場に魚を売りに出かけていた人。結婚式の準備をする友達の家に集まっていた人。日曜日のスポーツ・イベントに参加するため街に出かけていた人。母親のお使いで父親の職場に荷物を届けに出かけていた人。

家族がばらばらのまま被災した人もいましたが、被災したときに家族と一緒にいた人も、津波に流される中で離れ離れになりました。水が引くと人びとは行方が分からなくなった家族を探しにいきました。バンダアチェの市内では大通りの脇に遺体がいくつも並べられましたが、津波に流されてしまった家族を探すのは簡単なことではありませんでした。助かった人の中には、海に流されてたまたま近くに流れてきたソファの上で夜をあかし、運よく漁船に助けてもらったという人もいます。津波は巻き込まれた人を遠くに押し流し、遺体を見

図49

内戦での武力衝突を避けて避難する人々（一九九九年頃）。

つける作業は困難をきわめました（図50）。親戚や家族がみな犠牲になった人も多く、その場合には誰も遺体の身元確認ができない状況が生じました。熱帯の気候のために遺体の傷みも激しく、数万体の遺体の身元を一つ一つ確認している余裕はなく、遺体の多くはビニールシートに簡単に包まれ、トラックに積まれて市内一〇か所の埋葬地に運ばれ、埋葬されました。このことは、多くの人びとが家族の遺体に対面できず、本当に亡くなったのか確証がもてないままで家族の死を受け入れなければならなくなったことを意味していました。

復興住宅の空き家

ランプウ地区では住民の九割が犠牲になり、生き残った人びとは近くに作られた避難所や遠くの親戚の家に身を寄せました。世界中から支援の手が差し伸べられ、復興事業が本格化すると、この地区にも住宅再建の事業が始められました。ランプウ地区にはアチェとゆかりの深いトルコの赤新月社による復興住宅が建てられました。津波前には道路沿いに家が点在していましたが、人口が大幅に減ったため、津波でも流されずにこの地区のシンボル的存在になったモスクの前の土地を整備して住宅地にしました。赤い屋根のきれいな復興住宅で、地元でも理想の復興住宅と報道されたほど評判のよい住宅でした（次頁図51）。しかし、復興住宅が完成してしばらくしても入居者が少なく、空き家が目立ったため、支援事業としては評価が分かれるプロジェクトになりました。

図50

津波被災直後、遺体を回収するトラック。

せっかく復興住宅を提供したのにそれが有効に使われていないとすれば、支援団体の側は事業がうまく行かなかったと受け止めます。ただし、支援する側の論理だけでなく、支援される側の論理も考えてみる必要があるでしょう。復興住宅に空き家が多いのは失敗だという見方をいったん棚上げにして、実際に何が起こっているのか、そこに人びとのどのような思い入れが込められているのかを、現場に即して考えてみましょう。

被災地の土産物屋

私がこの復興住宅地を実際に訪れたとき、まず目を引いたのがオレンジ色の建物でした。復興住宅を改造して作られた土産物屋で、海岸のすぐ近くのモスクの向かいに建てられ、「サフィラ」という屋号が付けられています。店舗は二つに分かれていて、左は菓子屋、右は服屋です（図52）。復興住宅は津波で家を失った人の住居として支援団体が提供したものであり、それを改造して商売の手段にしたとなれば、支援団体の論理からすれば大きな逸脱です。でも、だからこそ、そこに当事者の論理を読み解く鍵があるかもしれません。

服屋を覗いてみると、そこで売られていたのは、町で買うことができる子供服と、大人のムスリム女性向けの衣服でした（図53）。海岸沿いのリゾート地なので水着やタオルやビーチサンダルなどが売られているならともかく、この

図51 トルコの赤新月社による復興住宅。

店には場違いな印象を与える品揃えでした。隣のお菓子屋には小さな子どもが喜びそうなお菓子や飲み物が並んでいます（図54）。不思議な品揃えだなと思いながら店の様子をもう少し詳しく見てみると、店の奥に額に入れられた女の子の写真が飾られていて、写真の下に「二〇〇四年一二月二六日に津波の犠牲になった私たちの一人娘サフィラ」と書かれていました（図55）。

図52
復興住宅がなぜか商店に転用されている。

図53
「サフィラ」と名付けられた店内には花嫁衣装も陳列されていた。

図54
菓子のコーナーもある。

図55
津波で犠牲となったサフィラさんの顔写真が額縁に入れられ店の奥にひっそりと飾られていた。

「サフィラ」というのはこの土産物屋の名前でした。ということは、この土産物屋は津波で失われた娘サフィラを思って両親が建てたものだと分かります。服屋に並べられている服は、サフィラちゃんが生きていたら着せてあげたかった服なのでしょう。菓子屋の方の菓子や飲み物は、サフィラちゃんがお腹をすかせたり喉が渇いたりしないようにと置かれたものなのでしょう。そう考えると、サフィラという土産物屋は、両親にとっては、今は亡き娘の思い出とともに生きるための大切な住まいにほかならないのです。

集団埋葬地のゲート

バンダアチェ周辺にはおよそ一〇か所の集団埋葬地が作られ、あわせて一〇万人近くの津波犠牲者が埋葬されています。それらの埋葬地のゲートの一つには、次のようなインドネシア語の言葉が記されています（図56）。「命あるすべての者たちよ、我らはお前たちを試している。良いことと悪いことによって、試練として。そしてお前たちはいつか、我らのいるところに戻されるのだ。」

この言葉はイスラム教の聖典であるコーラン（クルアン）の一節です。アチェは住民のほとんどがムスリムなので、大きな災いに対して信仰に基づいて神に運命を委ねようとしているとも考えられます。コーランで「我々」は神のことを意味するという前提を踏まえてこの一節の意味を解釈するならば、津波で亡くなった人たちに対して、あなたたちが津波で犠牲になったことは神の試

図56

集団埋葬地のゲート。コーランの一節がインドネシア語で書かれている意味を考える。

練なのだと伝えている、と理解することはできます。

こうした解釈が間違いだということではありませんが、当事者が込めた意味をさらに読み解いてみましょう。そのためには、ゲートに書かれた言葉の意味を知るだけでなく、それがどのように書かれているかなどにも注意を向ける必要があります。

イスラム教ではコーランは神が下した言葉であり、アラビア語で下されたことが重要であると考え、通常はコーランからの引用はアラビア語で書かれます。ところがこのゲートの言葉はインドネシア語に訳して書かれています。さらに、これは集団埋葬地のゲートに書かれていますが、集団埋葬地を背に、集団埋葬地の外側から見て読めるように書かれています。

こう考えると、この言葉は、集団埋葬地に埋葬されている津波犠牲者たちがそこを訪れる生き残った人たちに向けて、私たちは先に亡くなったけれど、お前たちもいずれ死んで私たちと出会う、そのときにはお前たちがどのように暮らしたかを問うぞ、と呼びかけている言葉として受け止めることもできます。しかも、もともとはコーランの一節ですが、インドネシア語に訳されることで、宗教を問わずすべての人びとに向けて発せられているとも考えられます。

さらに、この言葉が津波犠牲者から生き残った人たちへのメッセージだとして、それを書いたのは生き残った人たち自身にほかならないわけですから、生き残った人たちが犠牲者を思いながらこれからの人生をどう生きるかを表明し、さらにそれを他の生き残った人たちと共有しようとする強い決意を表わしているると受け止めることができます。

思い入れを読み解く

災害報道では（事件・事故でもそうですが）、報道される出来事の個別性と普遍性の二つの面が絡み合って出てきます。アチェの津波という出来事に対して、実際に被災して復興過程を歩んでいる人たちの様子が報じられるとき、それぞれの個人が体験したり感じたりした個別の出来事が記事のもとになっています。その一方で、読者の多くにとって見知らぬ人の経験や感覚を記事にして報道することには、繰り返し起こる災害について報道することで、いつかまた同じような災害が起こったときによりよく対応できるようにという意味があります。後者の意味では、現状を批判的に検証して、もし次回があるとしたらそれによりよく対応できるようにするという教訓的な性格を帯びることになります。

復興住宅に空き家が多いというのも、アチェでは津波で多くの人が亡くなったことを神の試練として積極的に受け止めようとしているというのも、普遍性をより意識した解釈の仕方であって、不特定多数に届けるマスメディアが示す情報としてそのようなものになることは十分に理解できます。

これに対して、個別性をより意識した解釈のために当事者の論理を読み解こうとするのはそれほど簡単なことではありません。それは、そもそも同じ被災者といっても一人一人の経験が異なるためですし、当事者自身、自分がどのように考えるかを言葉にして明確に自覚できているとは限らないためです。

結び

専門性を磨く——文化・社会を支える「行動知」を

災害が発生したと聞くと、被災した人たちに助けの手を差し伸べたいという気持ちになるだろうと思います。二〇〇四年のインド洋大津波のときも、私が大学などでアチェの被災の状況について話をすると、アチェの被災者を支援したいけれど自分に何ができるのか教えてくださいとしばしばいわれました。

一般論としていえば、自分が暮らしているのと違う場所で災害が起こったときに、救命救急などの専門性を身につけているわけではない私たちにできることには、募金をすることや、現地にボランティアに行くこと、そして正確な情報を収集して共有することなどが考えられます。本書は、その第三の行動について考えるという狙いも込めてみました。

同時に、これら三つのことに加えて私が本書の最後に述べたいのは、大学や社会でそれぞれの専門性を磨き、その専門性を次に起こる災害に活かすことの大切さです。災害は繰り返し起こるため、地震・津波も台風も大雨・大雪もいずれまた起こることは防ぎようがなく、その被害をどれだけ少なくできるか、そして被害にあった人にどのような手当てができるのかを考えることに意味があります。いま起こっている災害の被災者に直接の手を差し伸べることにはならないかも知れませんが、いま起こっていることをやや冷静な目で捉えて記録し、次の災害に必ず反映させようとすることもまた必要です。とりわけ、大きな災害が起こるとその場で対応しなければならないことが次から次へと起こり、現場ではその意味を立ち止まって考えたり一つ一つの局面で考えて判断したことを記録しておいたりする余裕がないこともあります。

専門性を磨くというのは、救命救急や復旧・復興のような狭い意味での災害対応の専門を身につけるという意味ではありません。冒頭に述べたように、災害は総合的な社会の課題であり、様々な分野の専門家が総合的に取り組む必要があるのです。たとえば、災害対応とは直接関係がないようにみえることがある人文社会科学も、災害対応と無関係ではありません。すでに何度か述べたように、災害対応というのは被災直後の緊急段階で命を救うだけでは終わらないし、災害で壊れた建物を直して経済活動を元に戻すだけでは終わりません。そのように目に見える部分で対応することももちろん大切で、それを疎かにしてはいけませんが、それと同じくらいに重要なのが、災害は社会に亀裂を与え、人びとが生きる意味を失わせるという事実への注目です。災害は様々な断絶をもたらします。それまで親しくしていた人と会えなくなること。それまでの生活様式を続けられなくなること。それまで見慣れていた風景がすっかり変わってしまうこと。それまでの暮らしを思い出し語るきっかけになる写真や手紙やデータが奪われてしまうこと。

失われたものが全部戻るわけではないので、被災した人たちはいたみの中で失われたものの一部を再び組み立てながらも新しい関係を作っていかなければなりません。私たちにできることは、失われたものを組み立てなおし、さらに新しい関係を作っていくための手がかりを提供することです。

その地域ではどのような言葉を話していたのか。その地域では家族に財産を分け与えるときにどのような決まりや方法があったのか。その地域ではものごとを決めるときにどのような方法をとっていたのか。こういったことは、災害時の緊急対応とは直接関係ないように見えるかもしれませんが、ある地域に住む人たちが長い時間をかけて地域社会を作ってきた工夫の積み重ねで、その意味ではその地域社会の核のようなものだといえます。災害では一度に多くの人や物が奪われ、一世代分の記憶が失われることもありますが、もう一度地域社会を組み立てなおそうとするときに、このような事柄を研究する人文社会系の学問は意味を持ってくるのです。

だから、将来の災害に備えるために専門を磨くといったとき、それが狭い意味での災害対応に直接結びついた専門性でなくてもよいのです。ただし、災害はいつどこで起こるか分からないという意識を持って、もし災害が起こったらどうなるかということをいつも頭の片隅に置きながら専門性を磨くこと、そしてそれをいざというときに活かすためには、多様な情報が必要であり、その多様な情報を災害の現場から様々な時間軸の中でどう集めるのか、本書がそのことを考える一助になれば、幸いです。

著者紹介

西　芳実（にし　よしみ）

1971年東京生まれ。1993年東京大学教養学部卒業。1997年～2000年にインドネシア・シアクアラ大学教育学部歴史学科の留学生としてインドネシア・アチェ州に滞在。2004年，東京大学大学院総合文化研究科博士課程（地域文化研究専攻）単位取得満期退学。大東文化大学非常勤講師，東京大学大学院総合文化研究科助教（「人間の安全保障」プログラム），立教大学AIIC助教を経て2011年より京都大学地域研究統合情報センター准教授。博士（学術）。専門はインドネシア地域研究，アチェ近現代史。主な研究テーマは多言語・多宗教地域の紛争・災害対応過程。

主な著作に，『災害復興で内戦を乗り越える――スマトラ島沖地震・津波とアチェ紛争』（災害対応の地域研究2，京都大学学術出版会，2014），『記憶と忘却のアジア』（相関地域研究1，青弓社，2015，共編著），『東南・南アジアのディアスポラ』（首藤もと子編著，明石書店，2010，分担執筆），『歴史としてのレジリエンス――戦争・独立・災害』（災害対応の地域研究4，京都大学学術出版会，2016，共編著）など。

＊本書は，京都大学地域研究統合情報センターの地域情報学プロジェクトの成果として刊行された。

被災地に寄り添う社会調査
（情報とフィールド科学4）

2016年3月31日　初版第一刷発行

著　者　西　芳実
発行人　末原達郎
京都大学学術出版会
京都市左京区吉田近衛町69番地
京都大学吉田南構内（〒606-8315）
電　話（075）761-6182
FAX（075）761-6190
URL　http://www.kyoto-up.or.jp/
振　替　01000-8-64677
ISBN978-4-8140-0037-1
Printed in Japan

印刷・製本　亜細亜印刷株式会社
カバー・本文デザイン　株式会社トーヨー企画
定価はカバーに表示してあります

災害対応の地域研究［全5巻］

1
復興の文化空間学
ビッグデータと人道支援の時代
山本博之 著

スマトラ島沖地震・津波やジャワ地震を例に、現地をよく知る地域研究者が様々な情報を分析し、時に防災や人道支援の専門家と協力しながら地域の形を読み解いていく。災害に強い社会を構築するには被災後だけ、被災地だけに留まらない時・空間的に広い視野が必要である。

3400円

2
災害復興で内戦を乗り越える
スマトラ島沖地震・津波とアチェ紛争
西　芳実 著

スマトラ島沖地震・津波当時、被災地アチェは内戦下にあったが、大規模な救援復興活動が展開する中で30年に及ぶ紛争が終結した。災害を契機に社会がどう変わり、紛争からの復興と災害からの復興がどう経験されてきたのかを地域研究の立場から明らかにする。

3400円

3
国際協力と防災
つくる・よりそう・きたえる
牧　紀男・山本博之 編著

日本と繋がりが深い東南アジアの災害は日本経済にも影響を与えてきた。また防災分野における日本の国際協力の歴史も長い。災禍に対する地域社会の対応を辿りながら、災害対応の現場で日本を含めた外部からの支援者が果たしうる役割、国際協力のあり方を考える。

3200円

4
歴史としてのレジリエンス
戦争・独立・災害
川喜田敦子・西　芳実 編著

災いは社会の亀裂をもたらし、その修復は何世代もの歴史のなかで行われる。大戦、冷戦、原発事故のような人類社会全体で取り組みがなされてきた災いの経験を踏まえて、復興の捉え方の歴史的変遷や地域的相違に注目しながら、今、私たちがめざすべき社会像の手掛かりを探る。

3400円

5
新しい人間、新しい社会
復興の物語を再創造する
清水　展・木村周平 編著

誰が復興のかたちを決めるのか。被災者の声はどこまで届き、その記憶や経験はどう継承されているのか。国内外の被災地で長年調査や支援を続けてきた研究者らが、現場に芽吹く創造的な営みに着目し、公的制度が規定する日本の災害復興を捉え直す。

4000円

表示価格は税別